2. Auflage

Jenny Menzel

NEUSEELAND

SÜDINSEL

50 Highlights abseits der ausgetretenen Pfade

D1706069

360° medien
mettmann

IMPRESSUM
Neuseeland – Südinsel
50 Highlights abseits der ausgetretenen Pfade
Jenny Menzel

Bibliografische Information der Deutschen Bibliothek
Die Deutsche Bibliothek verzeichnet diese Publikation in der deutschen National-
bibliografie. Detaillierte bibliografische Daten sind im Internet über dnb.dnb.de
abrufbar.

© 2. Auflage 2018 360° medien gbr mettmann
Marie-Curie-Straße 31 | 40822 Mettmann | www.360grad-medien.de

Redaktion und Lektorat: Christine Walter

Satz und Layout: Serpil Sevim-Haase

Gedruckt und gebunden:
Himmer GmbH Druckerei & Verlag | Steinerne Furt 95 | 86167 Augsburg
www.himmer.de

Bildnachweis: siehe Seite 200

ISBN: 978-3-947164-75-2
Hergestellt in Deutschland

www.360grad-medien.de

2. Auflage

Jenny Menzel

NEUSEELAND

SÜDINSEL

50 Highlights abseits der ausgetretenen Pfade

360° medien
mettmann

Vorwort

Neuseeland ist schon lange kein Geheimtipp mehr – eher im Gegenteil. Ob aus dem relativ nahen Asien oder aus dem fernen Europa, immer mehr Touristen zieht es an dieses abgeschiedene Ende der Welt.

Sie kommen, um die beeindruckenden Naturwunder, die atemberaubenden Panoramen und die ungewöhnliche Tier- und Pflanzenwelt mit eigenen Augen zu sehen, die ihnen in den Medien überall zu begegnen scheinen – „Mittelerde" lässt grüßen.

Die unvermeidliche Folge: Viele der beeindruckenden Attraktionen auf Neuseelands Südinsel muss man sich inzwischen mit Busladungen von Besuchern teilen. Mancherorts drängelt man sich, um den Pflicht-Schnappschuss des berühmten Postkartenmotivs mit nach Hause zu bringen, den alle anderen auch machen.

Ein Grund, Neuseeland in Zukunft enttäuscht zu meiden? Mitnichten. Das kleine, aber dünn besiedelte Land bietet immer noch genug Platz, unberührte Natur und ungewöhnliche Sehenswürdigkeiten.

Wer Neuseelands Südinsel abseits der ausgetretenen Pfade entdecken will, den (ohnehin etwas dünneren) Hauptstrom der Touristen verlässt und den Reiseführer aus der Hand legt, der findet es noch – das „echte" Neuseeland. Die Voraussetzung: Man muss sich Zeit nehmen, für Abstecher auf holprigen „gravel roads", für das Bewandern einsamer Wanderwege oder für das Abfließen der Flut von rauen Stränden.

In diesem handlichen Reiseführer für die Westentasche stelle ich Ihnen 50 Orte, Routen und Regionen auf Neuseelands Südinsel vor, die von den meisten klassischen Reiseführern übersehen werden. Einige bieten aufregende Action, an anderen finden Sie märchenhafte Stille. Manche sind einfach zu finden, andere wiederum müssen Sie suchen (keine Sorge, ich habe GPS-Daten eingefügt).

Nicht jede einzelne der 50 Attraktionen in diesem Buch ist so spektakulär wie die „Must Sees" der Südinsel. Aber jede einzelne ist mindestens einen Abstecher wert. Neuseeland abseits der ausgetretenen Pfade – auf Englisch „off the beaten track" – entdecken, das ist bei Ihrem ersten Besuch im Land eine genauso gute Idee wie beim zehnten.

Großformatige Fotos und lebendige Beschreibungen sollen Ihnen Lust zum Entdecken machen. Ihren Weg finden Sie mit den präzisen Wegbeschreibungen, und die vielen praktischen Informationen zu jedem Kapitel helfen Ihnen bei der Reise-Organisation.

Und wer sagt denn, dass Sie bei der 50. Attraktion aufhören sollen? Ich möchte Ihnen Lust machen, ganz von selbst nach den ungewöhnlichen, versteckten oder weniger spektakulären Schätzen auf Neuseelands Südinsel zu suchen. Fahren Sie einfach mal drauflos, halten Sie neugierig an, fragen Sie Einheimische nach ihren Geheimtipps. Und machen Sie Ihre ganz persönlichen Erfahrungen in Neuseeland.

Ich wünsche Ihnen viele spannende Entdeckungen beim Verlassen der ausgetretenen Pfade!

Jenny Menzel

Inhaltsverzeichnis

Marlborough und Tasman

Ganz untypisch: die Küstenregion des Abel Tasman wirkt wie ein Tropenparadies

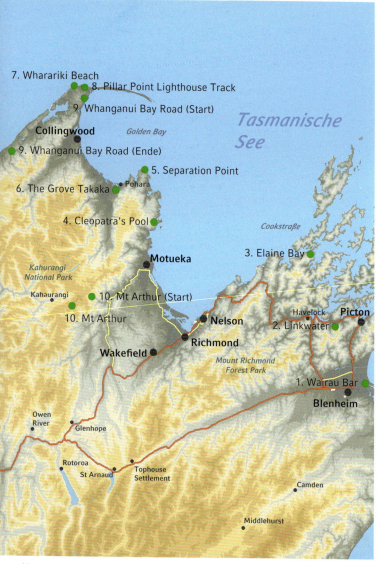

7. Wharariki Beach

8. Pillar Point Lighthouse Track

9. Whanganui Bay Road (Start)

Collingwood   *Golden Bay*

9. Whanganui Bay Road (Ende)

Tasmanische See

5. Separation Point

6. The Grove Takaka   *Pohara*

4. Cleopatra's Pool

Cookstraße

Motueka

3. Elaine Bay

Kahurangi National Park

Kahaurangi

10. Mt Arthur (Start)

10. Mt Arthur

Havelock   **Picton**

Nelson

2. Linkwater

Richmond

Wakefield

Mount Richmond Forest Park

1. Wairau Bar

Blenheim

Owen River

Glenhope

Rotoroa

St Arnaud   Tophouse Settlement

Camden

Middlehurst

1. Wairau Bar: Schiffswracks und Maori-Geschichte

Lange Zeit waren das Meer und die wenigen schiffbaren Flüsse die wichtigsten Versorgungswege für Holzfäller, Goldsucher, Minenarbeiter und Siedler. Wo tückische Strömungen für unsichtbare, ständig wechselnde Sandbänke und Untiefen sorgen, findet man noch heute die Überreste stolzer Schoner und Fregatten. Eines der am einfachsten zugänglichen und noch gut erhaltenen Wracks liegt am Strand kurz vor Blenheim; in direkter Nachbarschaft zu einer der wichtigsten Ausgrabungsstätten Neuseelands.

Die *SS Waverley* war einst ein stolzes Dampfschiff im Dienst der *Patea Steam Shipping Company*, gebaut 1883 in Auckland und seitdem unermüdlich im Einsatz auf Frachtfahrten zwischen Wellington, Nelson und der Westcoast. Legendär war der Schiffskoch Charlie Hart, der fast 30 Jahre lang an Bord kochte und als dünnster Angestellter aller Zeiten galt.

Bis 1916 diente die *SS Waverley* als Versorgungsschiff für die Minenarbeiter an der abgeschiedenen Westküste der Südinsel und transportierte von dort Kohle nach Wellington. Dann ging sie in den Besitz einer Bauernkooperative über und transportierte von nun an tiefgefrorenes Fleisch von Patea in Süd-Taranaki nach Wellington.

Das Wrack der SS Waverley lädt zum Beklettern ein

Marlborough und Tasman

Nachdem sie mindestens fünfmal im flachen Wasser vor der Mündung des Patea River gestrandet war, hatte 1928 ihre letzte Stunde geschlagen: Die *SS Waverley* wurde abgetakelt, in die Mündung des Wairau River geschleppt und versenkt. An der Wairau Bar, einer acht Kilometer breiten Kies-Sandbank, die den Flusslauf von der Cloudy Bay trennt, sollte ihr Wrack als Wellenbrecher dienen. Die Strömung erwies sich aber als zu stark und zog das Schiff in die Lagune hinein, wo es nun seit 80 Jahren nahezu auf dem Trockenen liegt.

Besser gelang das Unternehmen mit den Überresten der *SS Kennedy*: Dieses Wrack blieb pflichtschuldig an der Sandbank in Wairau liegen und liegt dort noch heute gut sichtbar.

Die neuseeländische Armee nutzte das Wrack der *SS Waverley* hin und wieder für Schießübungen, inzwischen dient es nur noch als ungewöhnliche Touristenattraktion.

In direkter Nachbarschaft, an der Nordseite der Lagune, fanden Archäologen übrigens noch wesentlich ältere Hinterlassenschaften: Moa-Eier

Der Weg durch die Salzmarschen der Wairau Bar

und -Knochen, tausende Artefakte und mehr als 60 Skelette von Maori, die dem *Iwi Rangitane* zugeordnet werden, deuten darauf hin, dass *Te Pokohiwi o Kupe* (die Schulter von Kupe, einem sagenhaften Maori-Entdecker) der älteste besiedelte Ort Neuseelands sein könnte.

Der Weg zum Wrack der *SS Waverley* ist komplett eben. Auf etwa sieben Kilometern führt er vom Ende der Hardings Road durch die Salzmarschen der Lagune, bis man die rostbraunen Überreste des Dampfschiffes vor dem blauen Himmel und den Wither Hills aufragen sieht. Für den Rundweg braucht man nicht länger als 1,5 Stunden, obwohl der DOC eine Gehzeit von insgesamt drei Stunden angibt.

Info

Lage: Die Wairau Lagoon liegt 7,5 Kilometer südöstlich von Blenheim. GPS des Wracks: -41.532068, 174.040022

Anfahrt: Etwa 5 Kilometer südlich von Blenheim vom SH 7 abbiegen auf Hardings Road, die *Wairau Lagoon* ist von hier ausgeschildert. Nach 3 Kilometern endet die Straße an einem Besucherparkplatz. Der Rundweg durch die Lagune ist komplett eben und verläuft zum Teil auf erhöhten Holzplanken.

Öffnungszeiten: immer, am besten bei Ebbe

Eintritt: nichts

Das Wrack sitzt bei Ebbe fast auf dem Trockenen, lädt also zum Beklettern ein. Das geschieht natürlich auf eigene Gefahr und sollte Kindern nicht erlaubt werden!

Die archäologische Ausgrabungsstätte, an der die jahrtausendealten Maori-Skelette inzwischen wieder begraben wurden, ist offiziell *tapu*, abgezäunt und nicht öffentlich zugänglich.

Aktivitäten: Das Wrack und die Lagune können auch per Kajak entdeckt werden; Kontakt über *Driftwood Eco Tours*, den einzigen Anbieter mit Zugangsgenehmigung für das Naturschutzgebiet. Kontakt: Tel.: +64-3 577 7651, E-Mail: info@driftwoodecotours.co.nz

Ein weiteres gut erhaltenes Schiffswrack findet man an der Nordseite des Kenepuru Sound; das riesige Wrack der *Amokura* liegt am St. Omer Beach, wo man auf der Höhe der geschlossenen, aber ausgeschilderten *St. Omer Lodge* bei Ebbe zur St. Omer Cove hinüberwaten kann.

2. Linkwater: Nachtwanderung mit Überraschung

Irgendwo mitten im Nirgendwo liegt die *Smiths Family Farm*, ein sehr netter Campingplatz inmitten von grünen Weiden und sanften Hügeln. Nicht direkt am Meer, ohne spektakulären Ausblick, heiße Quelle oder hohen Gipfel – wie also schafft es dieser familienfreundliche Campingplatz in die Liste der 50 sehenswertesten Orte auf Neuseelands Südinsel?

Wer nicht fragt, der erfährt es womöglich gar nicht. Von selbst erzählen es die freundlichen Wirte, Chris und Barbara Faulls, nur Familien mit Kindern, die bei ihnen einchecken. Nach den obligatorischen Begrüßungs-Muffins (selbstgebacken natürlich) wird mit geheimnisvoller Miene eine Schatzkarte überreicht, auf der die Kleinen (und Großen) einen mit Kreuzen markierten Pfad verfolgen können. Der führt über Weideland und durch dichten Wald zu einem … Geheimnis.

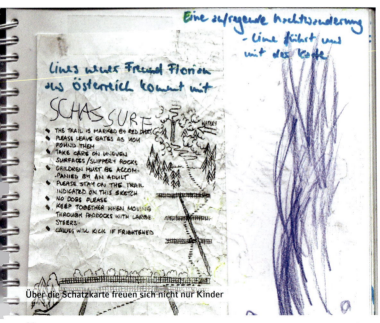

Über die Schatzkarte freuen sich nicht nur Kinder

Direkt hinter der Farm, die zum Campingplatz gehört, beginnt der Weg

Sobald die Abenddämmerung hereinbricht, heißt es losmarschieren – am besten ausgerüstet mit festem Schuhwerk und Taschenlampen. Stirnlampen sind die beste Wahl, denn man braucht seine Hände auf dem letzten Stück des Weges zum Schatz.

Quer über drei Schafweiden und die dazugehörigen Zäune geht es, immer leicht bergauf, bis man (nun schon im Dämmerlicht) den Waldrand erreicht. Über eine kleine Brücke betritt man das Dickicht, in dem es nun wirklich schon recht finster ist – gruselig!

Mit eingeschalteten Lampen tapst man immer weiter bergauf, einem kleinen Pfad folgend. Der wird steiler und steiler, rechts vom Weg hört man es plätschern und glucksen – und die Erwachsenen ahnen nun schon, wo der Weg hinführt. Der verdient bald schon nicht mehr die Bezeichnung, es geht querfeldein über große runde Steine, immer weiter hinauf, bis er erreicht ist: der Wasserfall.

Nett sieht das sicher aus – bei Tageslicht. Denkt man, und ist irritiert. Dafür sollte man nun im Dunkeln durch den *bush* kraxeln? Aber dann tut sich der echte Schatz vor den mutigen Entdeckern auf. Erst, wenn die Stirnlampen abgeschaltet sind und alle mal ganz still lauschen, entfaltet sich ein wahres Wunder: Leise, leise leuchten ringsumher milchweiß und hellblau glimmende Sterne auf. Links und rechts, oben und unten – ein Sternenhimmel mitten im Wald.

An den Hängen des Mount Oliver liegt das Geheimnis

Neuseeländische *glow-worms* sind bekanntlich keine Glühwürmchen

Die Eltern können nun referieren über die nur in Neuseeland lebenden *glow-worms* (Arachnocampa luminosa), die gar keine Würmer sind, sondern Trauermücken, die den größten Teil ihres Lebens im Larvenstadium verbringen und klebrige Fangfäden aus Seide spinnen, um Beute zu machen, die vom magischen Leuchten ihres Abdomens angelockt wird; sie können erzählen, wie die Urbarmachung der Natur den Lebensraum der *glow-worms* immer weiter zerstört und dass die Tierchen heute fast nur noch in Höhlen zu finden sind.

Sie können aber auch gar nichts sagen und einfach gemeinsam mit ihren Kindern staunen über die Schönheit und Vielfalt der neuseeländischen Natur. Und wenn sie zurückkommen von ihrer Nachtwanderung und anderen Familien vom Schatz im Wald hinter Linkwater erzählen, dann sollen sie ihnen nicht die Überraschung verderben – wie ich es gerade getan habe.

Info

Lage: *Smiths Family Farm* liegt am Ortsrand von Linkwater, etwa 30 Minuten von Picton oder 50 Minuten von Blenheim, auf halber Strecke zwischen dem Queen Charlotte Sound und dem Mahakipawa-Arm des Pelorus Sound, am Fuß des 900 Meter hohen Mount Oliver.

Anfahrt: Von Picton etwa 19 Kilometer auf dem Queen Charlotte Drive, bis Havelock (wo die Straße auf den SH 6 trifft) sind es weitere 14 Kilometer.

Aktivitäten: Neben der Nachtwanderung und dem Reinschnuppern in den Betrieb auf der zugehörigen Farm kann man den Campingplatz als Basis für viele weitere Aktivitäten nutzen, von Kajak-Touren (der Startpunkt in Anakiwa ist nur 500 Meter entfernt) über Mountainbiking, Reiten und Wandern bis zu Bootstouren ab Havelock oder Picton.

Kosten: 12 *powered sites* à 40 NZD/2 Erwachsene, 7 NZD/Kinder von 4 bis 15 Jahren, 4 Bungalows (65 NZD/Erwachsener) und ein Motelzimmer (130 NZD/Erwachsener), Preisnachlässe bei mehrtägigen Aufenthalten in der Nebensaison

Kontakt: Tel.: +64-3 5742-806, E-Mail: cbfaulls@xtra.co.nz, Website: www.smithsfarm.co.nz

3. Elaine Bay: Marlborough Sounds, wie sie sein sollten

Wo die meisten Neuseeland-Besucher nur durchfahren und an den entsprechenden Ausgucken des Queen Charlotte Drive pflichtschuldig „Ooh!" und „Aaah!" rufen, kann man mit ein wenig mehr Zeit gleich viel mehr an *awesomeness* finden. Die Marlborough Sounds an sich stehen – bis eben auf die Strecke von Picton nach Nelson – auf kaum einer Touristen-Agenda und bieten viele Gelegenheiten, abseits der ausgetretenen Pfade zu wandeln.

Den Queen Charlotte Drive, die ersten 100 Kilometer auf der Route von Picton nach Westen, muss man natürlich trotzdem nicht weglassen, er bietet durchaus schöne Ausblicke. Aber danach geht es erst richtig los mit den Sounds!

Die Ronga Road, ein unscheinbarer Abzweig vom SH 6 etwa neun Kilometer nach Überquerung der Pelorus Bridge, führt zuerst nach Norden

nach Okiwi Bay, bevor sie zur Elaine Bay abzweigt. Auf diesen 17 Kilometern eröffnen sich nicht nur hin und wieder spektakuläre Blicke über die vielen kleinen Inselchen und Buchten des Pelorus Sound, sondern buchstäblich auf jedem Meter der Strecke.

Dank des komplett gerodeten Pinienwaldes (Achtung, Holztransporter kommen oft ungebremst um die engen Kurven gebrettert!) verstellt nichts den Blick über den etwa 400 Meter hohen Bergrücken ... bis hinüber zum Abel Tasman National Park!

Unten in der Elaine Bay wartet ein bildhübscher DOC-Campingplatz direkt am Wasser, mit einem idyllischen Blick auf das Tennyson Inlet. Vom Campingplatz aus bietet sich eine Reihe von sehr empfehlenswerten Wanderungen an, die weitere atemberaubende Blicke auf die Sounds eröffnen.

Zum Beispiel kann man auf dem sehr gut ausgebauten Archer Track von der Anlegestelle in der Bucht fast um die gesamte Elaine Bay herumlau-

Blick auf die bildhübsche Elaine Bay

fen, bis hinab zum Tennyson Inlet, und dabei erneut die gesamte Zeit tolle Ausblicke bewundern – was besonders schön ist, wenn man diese zuvor am Steuer des Campervans nicht so recht genießen konnte. Nach etwa fünf Kilometern erreicht der Archer Track Deep Cove, wo man einen Badestopp einlegen und entweder umkehren oder weitere 4,5 Kilometer bis zur Penzance Bay laufen kann.

In die andere Richtung führt der Piwakawaka Track, der direkt an der Zufahrt zur Bucht startet und nach etwa 45 Minuten zu einer kleinen, geschützten Badebucht führt. Die winzigen *Fantails*, die man hier im Wald hin- und herflattern sieht, gaben dem Track seinen Namen.

Aber das ist noch nicht alles! Nach einer Pause vom anstrengenden Kurvenfahren sollte man auf jeden Fall erneut in den Campervan steigen und weiterfahren – es warten 24 Kilometer geschotterte, kurvige Straße nach French Pass. Nach den ersten zehn Kilometern wird auch der zögerlichste Fahrer den Abstecher nicht mehr bereuen: Die Aussichten von hoch oben nach Westen auf die weite Tasman Bay und nach Osten auf die gesamten nördlichen Marlborough Sounds und auf Maud Island sind ein Traum.

Bonus: Im Gegensatz zu den bildhübschen Buchten, die vom Queen Charlotte Drive aus zu sehen sind oder die man mit der *Mailboat Tour* von Picton aus besucht, stehen an den Buchten des Tennyson Inlet keine schnieken Lodges und Eigenheime an den Ufern. Nur unberührte, einsame, ursprüngliche Natur.

Info

Lage: Elaine Bay liegt im Pelorus Sound, der zum westlichen Teil der Marlborough Sounds gehört. Entfernung von Picton ca. 100 Kilometer, von Nelson ca. 85 Kilometer. Nach French Pass sind es weitere 24 Kilometer nach Nordosten auf geschotterter Straße.

Anfahrt: In Rai Valley vom SH 6 nach Norden abbiegen auf Ronga Road in Richtung French Pass/Tennyson Inlet, etwa 20 Kilometer auf Ronga Road, dann scharf rechts weiter auf Hope Drive durch Okiwi Bay, weitere 16 Kilometer auf Croisilles–French Pass Road bis nach Elaine Bay. Die Strecke ist extrem kurvig und schmal, viel Zeit einplanen!

Öffnungszeiten: immer; bei Ebbe zieht sich das Wasser ziemlich weit von den flachen Ufern der Buchten zurück, was dann nicht überall schön aussieht. Wenn möglich, sollte man die Fahrt durch die Sounds und die Wanderung um die Elaine Bay während der einsetzenden Flut starten.

Eintritt: nichts

Achtung: In Elaine Bay gibt es keine Einkaufsmöglichkeiten, nächster Shop ist in French Pass (35 Minuten von Elaine Bay) und im *Okiwi Bay Holiday Park*.

Aktivitäten: Der Archers Track, ein breiter Forstweg, führt über 9 Kilometer von Elaine Bay nach Penzance. Von hier fährt ein Wassertaxi nach Havelock, die Tennyson Inlet Road führt von Rai Valley über den Opouri Saddle nach Penzance. Die Strände in den Sounds sind leider fast immer kiesig und eher grau, aber baden kann man natürlich in den geschützten Gewässern sehr gut!

In Elaine Bay und Penzance können auch Kajaks gemietet werden. Von Elaine Bay aus ist dann zum Beispiel ein Kajak-Trip über den geschützten Teil des Tennyson Inlet zur *Tawa Bay Campsite* möglich, die nur vom Wasser aus erreichbar ist.

Über Neil McLennan (*Explore Pelorus*) sind geführte Bootstouren und Tauchausflüge möglich; Kontakt: Tel.: +64-3 5765251, E-Mail: explorepelorus@xtra.co.nz

Unterkünfte:

- *Elaine Bay DOC Campsite:* Standard-Kategorie direkt am Wasser, 20 Stellplätze ohne Strom, 8 NZD/Erwachsene, 4 NZD/Kinder von 5 bis 17 Jahren
- *Elaine Bay Beachfront Holiday Cottage* für 4 Personen, voll ausgestattet und winterfest, 75 bis 95 NZD/2 Personen, Kontakt über www.seakayakingmarlborough.co.nz
- *Tawa Bay Campsite:* Backcountry-Kategorie, direkt am Wasser, nur per Boot erreichbar, mit Wasseranschluss, 4 Stellplätze ohne Strom, 6 NZD/Erwachsene, 3 NZD/Kinder von 5 bis 17 Jahren
- *Okiwi Bay Holiday Park* an der westlichen Seite der Marlborough Sounds mit Blick auf die Tasman Bay, geschützte Lage direkt am Meer, 12 *powered sites*, *On-Site*-Wohnwagen, Bungalow und Lodge, sehr beliebt bei Kiwis während der Ferien!, 40 NZD/2 Erwachsene, 12,50 NZD/Kinder von 3 bis 12 Jahren, Renata Road 15, Okiwi Bay, Tel.: +64-3 576 5006, E-Mail: info@okiwi.co.nz, Website: www.okiwi.co.nz

4. Cleopatra's Pool: Abstecher vom Abel Tasman Coast Track

Der Abel Tasman Coast Track durch den kleinsten Nationalpark Neuseelands ist einer der beliebtesten Great Walks: nicht allzu anspruchsvoll, mit Zwischenstopps an goldgelben Traumstränden und auf Wunsch einer spektakulären An- und Abfahrt im Aquataxi. An einer Attraktion laufen die meisten Wanderer ahnungslos vorbei: Mitten im dichten Regenwald bietet *Cleopatra's Pool* eine willkommene Abkühlung.

Auf dem 60 Kilometer langen Abel Tasman Coast Track gelangt man in drei bis fünf Tagesetappen von Marahau nach Totaranui und zur Wainui Bay. Der Weg führt ohne nennenswerte Steigungen fast durchgängig an der Küste entlang, immer nach Nordwesten – oder andersherum, nach Südosten.

Da der Track oft direkt am Strand entlangführt und der Tidenhub nicht unerheblich ist, kann man die zu bewältigende Wegstrecke auf einigen Abschnitten erheblich abkürzen: Zwischen Torrent Bay und Anchorage zum Beispiel ist mit cleverem Timing eine „Ersparnis" von etwa einer Stunde bzw. drei Kilometern möglich, wenn man bei Ebbe direkt über den Sand der dann trocken liegenden Bucht läuft.

Wenn das Timing gerade nicht passt, muss man aber nicht traurig sein: Der „Umweg" um die Torrent Bay herum führt nämlich zu einem geheimnisvollen kleinen Abstecher. Etwa auf halber Strecke, wo der Weg eine Steigung mit wunderschöner Aussicht über die Bucht nach Süden erklimmt, führt ein schmaler, sehr steiler und unwegsamer Pfad zu *Cleopatra's Pool*, mitten in den Wald hinein.

Der Weg ist kurz, aber wirklich anstrengend. Etwa zwanzig Minuten kraxelt man über Stock und Stein, durch Matsch und über Baumstämme, dann tritt man keuchend aus dem Wald heraus und erblickt den über riesige Felsen rauschenden Torrent River, der sich hier über mehrere Stufen hinab zum Meer ergießt.

Das auch im Sommer eiskalte Flusswasser sammelt sich dabei in mehreren natürlichen Felsenpools verschiedener Größe und Tiefe, die zum Baden und Hineinspringen einladen. Das Highlight von *Cleopatra's Pool*

Torrent Bay: Start der zweiten Etappe des Abel Tasman Coast Track

ist zweifellos die natürliche Felsenrutsche, die quer zum Flusslauf etwa zehn Meter lang durch eine Felsenrinne in ein tiefes Wasserloch führt.

In der Hauptsaison sammeln sich an den Pools zahlreiche neugierige Wanderer, die das kühle Nass genießen und ihren Mut austesten: Wer traut sich auf die Felsenrutsche? Platz zum Baden ist trotzdem genug, wenn man ein paar Stufen nach oben klettert.

Und nach der eiskalten Erfrischung hat man wieder neue Kraft gesammelt für die restlichen Kilometer hinunter zur Anchorage Bay, wo das Aquataxi wartet.

Cleopatras verwunschener Felsenpool

Info

Lage: Cleopatra's Pool liegt auf der Etappe zwischen Bark Bay und Anchorage, wenige Kilometer südlich von Torrent Bay. Der Abzweig ist nur vom *high tide track* aus zu erreichen. GPS: -40.9562ˊ82, 173.0349187

Anfahrt: Laufzeit von Torrent Bay oder Anchorage: etwa eine Stunde. Wer nicht den gesamten Track laufen mag, kann das Weg-stück zwischen Torrent Bay und Anchorage auch einzeln zurücklegen. Aquataxis fahren sowohl nach Anchorage als auch nach Bark Bay und auf Wunsch direkt nach Torrent Bay.

Fahrten werden das ganze Jahr über mehrmals täglich angeboten, es gibt zahlreiche Unternehmen in Marahau und Kaiteriteri, die sich in Preis und Fahrplan kaum unterscheiden.

Start ist in Kaiteriteri und/oder Marahau, zwischen Oktober und April viermal täglich ab 9 Uhr, ansonsten dreimal täglich. Das letzte Aquataxi kehrt 16:30 Uhr zurück.

Nach Anchorage sind es etwa 45 Minuten, nach Torrent Bay und Bark Bay etwa eine Stunde. Achtung: In Torrent Bay setzen die Aquataxis nur ab bis 12 Uhr, es gibt keine Abholungen!

Öffnungszeiten: immer; die beste Besuchszeit für die Pools ist natürlich der Sommer, wenn man hier baden kann.

Eintritt: nichts; wer mit dem Aquataxi den Weg von Marahau abkürzt, zahlt 35 NZD (Kinder von 5 bis 14 Jahren zahlen die Hälfte).

Achtung: Cleopatra's Pool ist weder mit dem Buggy erreichbar, noch sollte der Felsenpool mit Kleinkindern angesteuert werden. Die glitschigen Felsen und die tiefen Wasserlöcher bergen hohe Unfallrisiken.

Unterkünfte:
Entlang des Abel Tasman Coast Track gibt es 19 Campingplätze und vier vom DOC verwaltete Hütten. Alle müssen reserviert werden. Kinder bis 17 Jahre zahlen nichts, müssen aber trotzdem einen Platz reservieren.

In Torrent Bay:
- *Torrent Bay Village Campsite*, nur zu Fuß erreichbar, mit Wasseranschluss; 10 Stellplätze für Zelte, Kosten: 15 NZD/Erwachsene

In Anchorage:
- *Anchorage Hut*, modern renoviert mit 34 Schlafplätzen (mit Matratzen), einem Ofen, aber ohne Kochgelegenheit oder Elektrizität. Kosten: 38 NZD/Erwachsene
- *Anchorage Campsite* an der Aquataxi-Haltestelle, nur zu Fuß erreichbar, mit WCs, Waschbecken, Feuerstelle und Koch-Unterstand; 50 Stellplätze für Zelte, im Sommer recht voll, Kosten: 15 NZD/Erwachsene

5. Separation Point: die übersehene Nordseite des Abel Tasman National Park

Der Abel Tasman Coast Track zählt zu den meistbesuchten Wanderwegen in ganz Neuseeland, jedes Jahr laufen Hunderttausende die Strecke zwischen Marahau und Totaranui. Nur die wenigsten absolvieren dabei jedoch die komplette Distanz. Wer den Besuchermassen im Sommer entgehen will, der genießt auf der Nordseite des Nationalparks noch himmlische Ruhe.

Auf den drei Tagesetappen, die von Marahau nach Awaroa führen, waren in den letzten Jahren im Sommer so viele Touristen unterwegs, dass man an engen Wegstücken teilweise Schlange stehen musste – und diese Entwicklung wird sich aller Voraussicht nach fortsetzen.

Zum Glück beenden die meisten Besucher ihre Wanderung auf dem Abel Tasman Coast Track spätestens in Totaranui Bay. Geht man von hier aus weiter in Richtung Norden, begegnet man nur noch wenigen Menschen; die meisten sind Tagesausflügler, die von der riesigen und bei Kiwis sehr beliebten *Totaranui Bay Campsite* gestartet sind.

Die Bucht von Totaranui sieht kaum Wanderer

Anapai Bay liegt versteckt unter Kanuka-Bäumen

Der Weg zum Separation Point führt direkt an den Klippen entlang

Sie wissen mehr als die meisten Besucher des Nationalparks: Auf nur drei Kilometern bekommt man hier im Norden des Parks mehr Eindrücke geboten als auf der gesamten Tagesetappe von Marahau nach Anchorage.

Der relativ kurze Weg führt erst durch dichten Regenwald, überquert dann einen recht steilen Bergrücken mit wunderschönen Panoramablicken über die Küste, um schließlich mehrere goldgelbe bis orange leuchtende Sandstrände zu erreichen.

Die erste dieser kleinen, fast menschenleeren Buchten ist Anapai Bay, in deren Mitte sich ein kleiner DOC-Campingplatz unter den niedrigen Kanuka-Bäumen verbirgt. Als nächstes passiert man eine namenlose Bucht, um dann nach Mutton Cove zu gelangen: eine sanft geschwungene Bucht, die von einem kleinen, lustig geformten Felsen in der Mitte (manche bezeichnen ihn wegen seiner Form als „Felsengott" oder „Wächter", der aufs Meer hinausschaut) zweigeteilt wird.

Nach einer weiteren halben Stunde gelangt man auf einem Abstecher vom Abel Tasman Coast Track zum felsigen Separation Point – dem nördlichsten Punkt des Nationalparks. Am Fuß des kleinen Leuchtturms aalen sich häufig Seelöwen und genießen den Traumblick auf die sich nördlich erstreckende Golden Bay bis zum fernen Farewell Spit – was auch sehr nachahmenswert ist.

Hin und zurück braucht man für diesen Weg nur wenige Stunden, aber wer hier schnurstracks durchläuft und keine Pausen zum Baden und Genießen einlegt, ist selbst schuld.

Info

Lage: Die nördlichsten Etappen des Abel Tasman Coast Track führen von Awaroa Bay über Totaranui Bay zur Whariwharangi Bay und weiter zur Wainui Bay. Anapai Bay und Mutton Cove liegen etwa zwei bis drei Stunden nördlich von Totaranui, der Abstecher zum Separation Point ist ein Abzweig vom Coastal Track.

Anfahrt: Der Abel Tasman Coast Track nördlich von Totaranui Bay wird nicht mehr von Aquataxis angefahren. Der Weg zum Separation Point und weiter zur Whariwharangi Bay muss zu Fuß bewältigt werden. Der Endpunkt des Tracks an der Wainui Bay sowie die *Totaranui Bay Campsite* sind über *gravel roads* erreichbar. Totaranui Bay wird auch von Bussen angefahren.

Öffnungszeiten: immer

Eintritt: nichts

Aktivitäten: Wer nicht nur wandern will, kann baden und (mit eigenem) Kajak fahren. Miet-Kajaks sind nördlich von Totaranui Bay nicht erhältlich. Mit Campingausrüstung verwandelt man den Kurztrip in eine der schönsten Übernachtungen, die man in Neuseeland erleben wird.

Achtung: Der Weg hinab zum Leuchtturm über die Felsen ist sehr steil. Wer mit Kindern kommt, sollte lieber nur von oben schauen!

Unterkünfte: Alle Unterkünfte im Abel Tasman National Park müssen vorgebucht werden. Die *Totaranui Bay DOC Campsite* wird separat verwaltet, trotzdem wird im Sommer um Reservierung gebeten.

- *Anapai Bay Campsite:* direkt am Strand, im Schatten von Kanuka-Bäumen, nur zu Fuß und per Boot erreichbar, mit WC, Waschbecken und 6 Stellplätzen für Zelte, Kosten: 15 NZD/Erwachsene ab 18 Jahre
- *Totaranui Bay Campsite*: sehr großer und bei Kiwis beliebter Campingplatz der Scenic-Kategorie mit WC und (kalten) Duschen, Feuerstelle, Kartentelefon und Wifi, kleinem Shop, Müll und *dump station*, nachts abgeschlossen. 300 Stellplätze für Zelte und Campervans, alle ohne Stromanschluss! Reservierung: Tel. +64-3 528 8083 oder online über DOC, Mindestaufenthalt 3 Nächte über den Jahreswechsel, Kosten: 15 NZD/Erwachsene, 7,50 NZD/Kinder von 5 bis 17 Jahren (Mai bis September 13 NZD/6,50 NZD). Die Campsite kann auch mit dem *Great Walk Pass* von Wanderern auf dem Abel Tasman Coast Track benutzt werden, für diese gibt es einen eigenen Bereich direkt am Strand.

6. The Grove bei Takaka: Dschungel-Höhlen-Abenteuer

Einer der einfachsten, kürzesten und dabei schönsten Rundwege der ganzen Südinsel wartet nur wenige Kilometer von Takaka. Auf dem schmalen Pfad, der durch Höhlen und Felsspalten, über Hängewurzeln und riesige Felsblöcke führt, fühlt man sich ganz plötzlich nicht mehr in Neuseeland – sondern wie Lara Croft im Dschungel von Kambodscha.

Wer in Neuseeland mit wenig Zeit, wenig Kondition oder kleinen Kindern unterwegs ist, der muss oft verzichten. Die schönsten, spektakulärsten und abgeschiedensten Szenerien liegen nun mal leider oft an wenig zugänglichen Orten, die nur durch anstrengende oder mehrtägige Wanderungen zu erreichen sind.

Zum Glück gilt das nicht für alle Attraktionen. Auch die wilde, in großen Teilen unberührte Natur der Südinsel bietet kleine Genussstücke direkt am Wegrand – und das ohne Touristenmassen, die auf ihrer Rundreise mal eben schnell ein Fünf-Minuten-Beweisfoto schießen wollen.

Dschungel-Feeling!

Nach Takaka kommen ohnehin keine Reisebusse. Das von Künstlern und Hippies bevölkerte Örtchen etwa 100 Kilometer nordwestlich von Nelson liegt in sonnenbeschienener Idylle versteckt hinter dem Publikumsmagneten des Abel Tasman National Park, zu dem die Besucher in Scharen strömen. Nur wenige Kilometer nordwestlich, zwischen sanften grünen Weiden und Hügeln, scheint die Zeit stillzustehen, an einem Punkt, an dem es noch keine Pauschaltouristen oder gar Menschen gab.

Es braucht nur etwa eine halbe Stunde von Takaka, um einen Sprung um die halbe Welt zu machen: in den Dschungel Südostasiens. Wenn im Sommer sogar die Temperatur stimmt, kann man Kindern hier ein herrliches Abenteuer auf kleinem Raum bieten – perfekt für einen Zwischenstopp oder einen gemütlichen Halbtagesausflug.

Der angelegte Rundweg über eine Aussichtsplattform mit einigen Treppenstufen ist kaum einen Kilometer lang, bietet aber immer wieder Gelegenheit zum Ausschwärmen und Erkunden von Felsspalten und dichtem Farngestrüpp, zum Bestaunen und Erklimmen von seltsam geformten Felsen und wildem Schwingen an den Luftwurzeln der endemischen *Rata*-Bäume (na gut, das überlassen wir vielleicht doch lieber Tarzan).

Statt kreischender Papageien zwitschern im Wald winzige *Fantails* und gurren dicke *Kereru*-Tauben, vom Ausguck blickt man auf grüne Hügel und die weit geschwungene Golden Bay, und die wie roter Schaum blühenden *Rata*-Bäume passen auch nicht so recht ins Asien-Ambiente. Aber das wird weder kleine noch große Entdecker stören.

Info

Lage: *The Grove Scenic Reserve* liegt 20 Minuten nordöstlich von Takaka bei Clifton.

Anfahrt: Von Takaka auf dem Abel Tasman Drive in Richtung Pohara Beach fahren, in Clifton rechts abbiegen und der Beschilderung nach *The Grove* folgen, etwa 1 Kilometer bis zum Parkplatz mit Picknickwiese.

Tipp: Von einigen Einheimischen wird der Weg auch als *Canyon Walk* bezeichnet; es handelt sich um denselben Track.

Öffnungszeiten: immer

Eintritt: nichts

Achtung: Obwohl der Weg extrem kinder- und familienfreundlich ist, ist er dennoch nicht Buggy-tauglich. Über so eine kurze Strecke kann aber auch das schwerste Baby getragen werden.

Unterkünfte: *Golden Bay Kiwi Holiday Park*, direkt am Strand auf baumbestandener Wiese, mit kleinem Shop und Spielplatz, 75 *powered sites* (ab 40 NZD/2 Erwachsene) und einfache Bungalows für 2 bis 6 Personen (ab 70 NZD/2 Erwachsene), Tukurua Beach, Takaka, Tel.: +64-3 525-9742, E-Mail: goldenbay.holiday@xtra.co.nz, Website: www.goldenbayholidaypark.co.nz

7. Wharariki Beach: die Essenz der Südinsel

Wer die Südinsel Neuseelands bereist und Wharariki nicht gesehen hat, der hat die Essenz der Südinsel nicht gesehen. Sagt jeder, der den abgelegenen, sturmumtosten, gigantischen Strand im äußersten Nordwesten besucht hat. Dann muss es wohl stimmen.

Vom äußersten Nordwestzipfel der Südinsel erstreckt sich eine schmale Landzunge wie ein 26 Kilometer langer Kiwi-Schnabel in den Pazifik – Farewell Spit, wo außer Sand, ein paar Seelöwen und Basstölpeln nichts mehr ist. Touristen dürfen die Spitze der Nehrung, die durch die Strömungen der Cook Strait jedes Jahr länger wird, nur in geländegängigen Fahrzeugen betreten.

Nicht weit vom Anfang dieser Landzunge liegt Wharariki Beach. Es ist nur ein Strand, und nicht einmal ein besonders einladender: Starke Winde, tosende Brandung und heftige Strömungen laden hier nicht gerade zum Schwimmen oder Sonnenbaden ein. Stattdessen wartet hier, sobald man den anstrengenden Marsch durch die sich endlos rollenden, mit windschiefen Manuka-Bäumen und Strandgras bewachsenen Dünen bewältigt hat, absolute Einsamkeit.

Natur, die so aussieht, als wäre hier seit Jahrtausenden nichts passiert, als wären weder die Maori in ihren Kanus noch die europäischen Walfänger und Goldgräber auf ihren Segelschiffen je angekommen in Neuseeland.

Einsam wie seit Jahrhunderten: Wharariki Beach

Windschiefe Manuka-Bäume auf dem Weg zum Strand

Hier gibt es nur den Wind, den Himmel, das Meer – und den kilometer-langen Strand, dessen Sandkörner in ewiger Bewegung sind, sich zu riesigen Dünen und stetig wechselnden Formationen auftürmen, die trotzig aufragenden Felsenklippen an beiden Seiten geduldig zu immer neuen Formen raspeln, Tunnel und Höhlen hineinfräsen. Vier besonders eindrucksvolle Felsen, die bis zu 66 Meter hohen *Archway Islands*, sind pittoresk ins Meer hineingestreut, der strandnächste kann bei Ebbe tro-ckenen Fußes erreicht werden. Die Inseln schmücken so ziemlich jeden Neuseeland-Kalender und dürften Nutzern von Windows 10 bekannt vorkommen. Star-Regisseur Sir Peter Jackson wählte den magischen Ort als Location für seinen berührenden Film „In meinem Himmel" (ganz ohne Elben und Orks!).

Außer einigen Seelöwen, die in den Gezeitenpools spielen, winzigen Seeschwalben und rotbeinigen Austernfischern, die in der Brandungs-zone herumstochern, trifft man hier normalerweise niemanden an. Was verwunderlich ist, da Wharariki Beach so etwas wie ein Markenzeichen Neuseelands geworden ist.

Nach wie vor gibt es hier weder *baches* noch exklusive Lodges, keine wild campenden Backpacker oder gar asiatische Touristengruppen. Dass man auf dem Parkplatz am Beginn des Strandzugangs heute aber eine Toilette und ein kleines Café findet, weist in eine bedenkliche Rich-tung. Ob ich Wharariki Beach überhaupt in diesem Reiseführer empfeh-len sollte, darüber habe ich sehr lange nachgedacht …

Zwei der Archway Islands am Wharariki Beach

Lage: Wharariki Beach liegt im äußersten Nordwesten der Südinsel, westlich von Farewell Spit. Die nächste Ortschaft ist Puponga, etwa 4 Kilometer entfernt.

Anfahrt: Der Strand ist nur zu Fuß zu erreichen; vom Parkplatz am Ende der Wharariki Road sind es etwa 20 Minuten. Der Weg ist nicht Buggy-, aber kindertauglich, da es keine großen Steigungen gibt.

Öffnungszeiten: immer
Die beste Besuchszeit ist der frühe Vormittag, wenn die starken Westcoast-Winde noch nicht eingesetzt haben. Wenn die Manuka-Büsche hinter dem Strand bereits ächzen und knirschen, weht am Strand ein extremer Wind, der vor allem wegen des aufgewirbelten feinen Sandes unerträglich wird.

Eintritt: nichts

Aktivitäten: Da es an der Westcoast sehr starke Strömungen und Unterströmungen gibt, sollte man jeden Gedanken an Baden, Paddeln oder Angeln fallenlassen. Es gibt keine Rettungsschwimmer und der nächste Ort ist weit entfernt. Besucher beschränken sich am besten aufs Strandwandern, Staunen und Träumen.

Am *Wharariki Beach Carpark* verkauft das *Archway Café* von Ende Oktober bis Ende April Kaffee, Eis und Snacks.

Von der Wharariki Road aus kann man noch einen weiteren kurzen Abstecher zu einem Ausguck über die schroffe Klippe des Cape Farewell machen, der nicht länger als 200 Meter ist. Achtung, diese Klippe ist sehr steil und tief, bei starken Windböen sollten Kinder gut festgehalten werden!

Unterkünfte: *Wharariki Beach Holiday Park*: der strandnächste Campingplatz liegt an der Wharariki Road auf Weideland, etwa 1 Kilometer vom Strand, ohne *dump station* und Müll, 4 rustikale Bungalows (sind im Bau) und 38 Stellplätze für Zelte und Campervans, *powered site* 41 NZD/2 Personen, Wharariki Road 560, Wharariki Beach, Tel.: +64-3 524 8507, E-Mail: stay@wharariki.co.nz

8. Pillar Point Lighthouse Track: einmal herum um die Spitze

Wild tosendes Meer, dramatische Felsenklippen, unberührte Strände – der nur knapp fünf Kilometer lange Track zum Leuchtturm am Pillar Point bietet atemberaubende Blicke über die wilde Westcoast, die sanfte Golden Bay und auf den „Schnabel des Kiwi", die 26 Kilometer lange Nehrung an der nördlichsten Spitze der Südinsel.

Der Weg zum Pillar Point Lighthouse ist kaum markiert

An der abgelegenen Nordwestecke der Südinsel warten noch mehr Attraktionen als der inzwischen schon viel zu bekannte Wharariki Beach. Ein gar nicht so langer und kaum anspruchsvoller Wanderweg führt vom Parkplatz am Ende der Wharariki Road immer am Rand der Steilküste entlang und bietet dabei ohne Unterbrechung spektakuläre Blicke.

Die steil aufragenden Felsen des Cape Farewell, die von mächtigen Brechern attackiert werden, geheimnisvolle Höhlen und Spalten in den Klippen, die schäumende See tief unten, in der man bei genauem Hinschauen immer wieder winzige schwarzbraune Seelöwen erkennt, das alles ist schon enorm lohnenswert. Den besten Blick hat man dabei von der Aussichtsplattform am Cape Farewell (wohin die weniger Wanderfreudigen auch direkt mit dem Auto fahren können, was den Track ordentlich abkürzt).

Wendet sich dann der Weg nach Südosten, wechseln die Eindrücke komplett: Von der sturmzerzausten, rauen Westcoast wandert das Panorama hinüber zur sonnigen Golden Bay, deren riesiges Halbrund mild und ruhig daliegt.

Am Ziel des Tracks wartet der Höhepunkt, der zunächst recht unscheinbar aussieht: Vom Leuchtturm am Pillar Point bietet sich ein traumhafter Blick auf Farewell Spit, und scheinbar direkt dahinter auf die Küstenlinie der Nordinsel. Der Vulkankegel des Mount Taranaki ist nur etwa 160 Kilometer Luftlinie entfernt! Hier kommt man mit den Himmelsrichtungen gründlich durcheinander. Wo Norden ist, zeigt das Solarpanel am Fuß des Leuchtturms, das die automatische Leuchtanlage mit Energie versorgt. Wer aufmerksam schaut, findet in der Nähe die Überreste einer Radarstation, die im Zweiten Weltkrieg im Einsatz war.

Unerfahrene Wanderer könnten auf diesem Track Schwierigkeiten bekommen: Er ist nicht als Weg ausgebaut, wie man es als verwöhnter Neuseeland-Besucher gewohnt ist, sondern nur mit kleinen farbigen Dreiecken markiert. Am einfachsten ist es, sich immer am Rand der Steilküste zu halten – aber bitte nicht zu nah herangehen, vor allem nicht bei starkem Wind!

Info

Lage: Der Track beginnt am *Wharariki Beach Carpark*, welcher am Ende der Wharariki Road etwa 4 Kilometer außerhalb des Örtchens Puponga liegt. Ein alternativer Zugang ist vom Parkplatz am Cape Farewell aus möglich, der ebenfalls an der Wharariki Road liegt und den Weg zum Leuchtturm auf etwa 2,5 Kilometer verkürzt.

Vom Pillar Point Lighthouse führt ein etwa 1,2 Kilometer langer Weg nach Süden, der auf die Wharariki Road trifft, etwa 2,5 Kilometer vor dem *Wharariki Beach Carpark*.

Anfahrt: Von Takaka etwa 60 Kilometer auf dem SH 60 fahren, nach dem Örtchen Puponga links abbiegen auf Wharariki Road. Die geschotterte Straße ist etwa 5 Kilometer lang, am Ende wartet ein Parkplatz mit Toilette und dem kleinen *Archway Café*.

Öffnungszeiten: immer

Eintritt: nichts

Unterkünfte:
- *Farewell Gardens Holiday Park* in Puponga liegt an der geschützten inneren Seite des Farewell Spit, direkt am Meer, Bungalows und *On-Site*-Wohnwagen, *powered site* 36 NZD/2 Personen (40 NZD Hauptsaison), Kinder von 2 bis 12 Jahren 12 NZD (16 NZD Hauptsaison), Seddon Street 37, Port Puponga, Tel.: +64-3 524 8445, E-Mail: farewellgardens@paradise.net.nz

9. Whanganui Bay Road: am Ende aller Straßen

Timing ist alles, wenn man diese „letzte" Straße vom Norden der Golden Bay und die Ausblicke, die sie nach Westen bietet, wirklich genießen will: Nur bei Flut sollte man die 44 Kilometer lange Fahrt über gut instandgehaltenen Schotter antreten, sonst sieht man hauptsächlich grauen Schlick. Bei Flut aber ist die Sicht bezaubernd.

Ausblick von der Whanganui Bay Road

Vom Norden der Golden Bay aus kann man nicht nur zu Fuß großartige Eindrücke von der unberührten Natur dieser abgelegenen Ecke Neuseelands entdecken. Auch auf vier Rädern ist das bequem und gleichzeitig spektakulär möglich.

Vom winzigen Örtchen Puponga aus, das idyllisch an der nördlichsten Bucht der Südinsel liegt – getrennt von den Stürmen der Westcoast durch den langen Wurmfortsatz des Farewell Spit –, fährt man auf der Pakawau Bush Road gerade nach Westen und lässt das Cape Farewell rechts liegen. Nach einigen Kilometern durch den namensgebenden *bush*, dichten, nativen Regenwald, wechselt die geschotterte Straße ihre

Hin und wieder zeigen sich sogar hier Spuren von menschlicher Besiedelung

Richtung – es geht wieder nach Süden – und ihren Namen: Die Dry Road führt jetzt etwa 25 Kilometer immer am Ufer des Whanganui Inlet entlang, einem riesigen natürlichen Hafen, der vom rauen Pazifik der Westcoast abgeschirmt und nur über einen kleinen Zugang von der See aus zu erreichen ist. Die vielen kleinen Flüsse und Wasserläufe, die sich hier ins Meer ergießen, haben zahllose idyllische, winzige Buchten erzeugt. Eine sieht schöner aus als die andere, und fast jede kann ohne Badehosen auf ihre Bade- und Picknicktauglichkeit getestet werden, ohne dass man befürchten muss, Anstoß zu erregen.

Nach gefühlten fünfzig Brückenüberquerungen und dem Abzweig der Te Hapu Road, die zur einsamen Westhaven Luxury Lodge führt, passiert die Schotterstraße einen Sumpf, führt an einem urplötzlich auftauchenden Café vorbei und folgt dann dem Paturau River auf seinem Lauf zum Strand. Spätestens hier bietet sich ein Badestopp an! Wer auf dem Beifahrersitz sitzt, dem bietet sich ein echtes Herr-der-Ringe-Panorama von zerklüfteten Kalksteinfelsen, die direkt am Straßenrand aufragen.

Die letzten zehn Kilometer nach Süden auf der nun als Cowin Road bezeichneten Straße bis zum Anatori River sind wieder reine Meerblick-Idylle. Zum Glück fährt man auf dieser *backroad* buchstäblich allein, so dass es kein Problem sein sollte, wenn man alle paar Meter anhält und die Kamera zückt, um ein noch schöneres Steilküstenfoto zu schießen.

Am Anatori River endet die Straße – noch nicht. Bei trockenem Wetter kann man guten Gewissens durch das Flussbett fahren und noch etwa 12 Kilometer weiter bis zum Turimawiwi River fahren, wo dann aber wirklich Schluss ist. Weiter nach Süden kommt man nur noch zu Fuß, auf dem Heaphy Track. Hier ist das Ende aller Straßen, hier ist Neuseeland wirklich noch so, wie es schon immer war – der Gedanke daran ist wundervoll.

Dass man auf derselben Strecke wieder zurückfahren muss, heißt nicht, dass es auf dem Rückweg langweilig würde. Am Wegrand bieten sich Gelegenheiten für zahlreiche Abstecher, Picknickpausen und Übernachtungen. Den Hinweisschildern zu den Kaihoka Lakes, dem Lake Otuhie oder zum Knuckle Hill Track sollte man folgen, sie bieten *off the beaten track*-Erlebnisse, die kein anderer Neuseeland-Tourist machen wird!

Kommt die Flut, sieht es doch schöner aus

Info

Lage: Die 44 Kilometer lange Strecke von Puponga zum Anatori River benötigt etwa 1,5 bis 2 Stunden reine Fahrtzeit. Die Schotterstraße ist gut gepflegt und auch für größere Campervans fahrbar, wenn auch zuweilen recht eng.

Anfahrt: von Puponga aus auf Pakawau Bush Road/Dry Road nach Westen und dann Süden, nach Überquerung des Paturau River weiter auf Cowin Road bis Anatori River

Öffnungszeiten: immer

Eintritt: nichts

Aktivitäten: baden, angeln, Abstecher zu den Kaihoka Lakes (6 Kilometer westlich von Puponga) oder zum Lake Otuhie (6 Kilometer östlich des Anatori River) machen

Das *Nugget Café* in Mangarakau hat von 11 bis 17 Uhr geöffnet (wahrscheinlich aber nur im Sommer) und verkauft Kaffee und Kuchen.

Unterkünfte:

- *Wetland View Park* an der Snake Creek Road, einer Parallelstraße zur Dry Road, die kurz nach dem *Nugget Café* links abzweigt, bietet zwei erstaunlich hübsche, moderne Chalets für bis zu 5 Personen; ab 140 NZD/2 Personen, 3-Gänge-Abendmenü für 45 NZD/Person; Tel.: +64-3 5248788, E-Mail: info@wetlandviewpark.co.nz

- *The Outpost:* Backpacker-Lodge für Selbstversorger in den Gebäuden der ehemaligen Mangarakau-Grundschule an der Dry Road, kurz nach dem *Nugget Café*, mit 28 Schlafplätzen, Salzwasserpool, Wohnraum und Gemeinschaftsküche, (heißen) Duschen und Toiletten, Platz für Zelte und Campervans, keine Kartenzahlung, 15 NZD/Erwachsene für Camping, 25 NZD/Erwachsene in der Lodge, Tel.: +64-3 524 8530, E-Mail: info@theoutpost.kiwi

- *Anatori Beach Camp* und *Anatori River Camp* sind zwei *Freedom Camping Spots*, an denen Fahrzeuge mit *Self containment*-Plakette umsonst über Nacht stehen dürfen, GPS: -40.699500, 172.368000.

10. Kahurangi National Park: Tagestrip zum Mount Arthur

Neuseelands dreizehnter Nationalpark ist zwar der zweitgrößte des Landes, aber wegen seiner abgeschiedenen Lage auch einer seiner unbekanntesten. Eingequetscht in die nordwestlichste Ecke der Südinsel, bietet er seinen wenigen Besuchern das Beste vom Besten: einfache und herausfordernde Wanderwege, abgelegene Hütten und einsame Gipfel, wilde, goldene Strände und dichte Wälder, Marmor- und Kalksteinfelsen mit geheimnisvollen Höhlen.

Während der letzten Eiszeit war der Kahurangi National Park eine Rettungsinsel für Fauna und Flora. Hierher drangen die Gletscher nicht vor, so dass sich heute mehr als die Hälfte von Neuseelands einheimischen Pflanzenarten und 80 Prozent seiner endemischen Tierarten hier finden. Auf dem Gebiet des Parks leben 67 Pflanzenarten, die es sonst nirgends auf der Welt gibt. Gleichzeitig bewahrte die unzugängliche Lage das Areal vor Einflüssen durch Holzfäller, Minenarbeiten oder eingeschleppte Schädlinge. Hier gibt es noch zahlreiche Kiwis, *Blue Ducks*,

Der Gipfel des Mount Arthur ist weithin zu sehen

Aufstieg zum Mount Arthur vom Flora Carpark

Neuseeland-Falken und auch die fleischfressenden Riesenschnecken, die bis zu zehn Zentimeter groß werden, fühlen sich zu Hause.

Das Aushängeschild des Kahurangi National Park ist der Heaphy Track, einer der neun Great Walks. Aber es gibt auch eine Vielzahl an weniger anspruchsvollen Tageswanderungen. Eine der schönsten führt vom *Flora Carpark* hinauf auf den 1795 Meter hohen Mount Arthur.

Nach der enorm holprigen Anfahrt, bei der man Gebiss und Geschirr festhalten muss, beginnt der Weg zum Mount Arthur erholsam sanft. Nachdem man den Abzweig zur *Flora Hut* passiert hat, erstreckt sich ein ordentlich angelegter und nur sanft ansteigender Weg durch lichte Birkenwälder zum Flora Saddle. Nach etwa vier Kilometern ist die einladende Mount Arthur Hut an der Baumgrenze erreicht.

Der gut markierte Track windet sich nun weiter nach Westen und Süden durch kniehohes *Tussock*-Gras, wobei er wunderschöne weite Blicke über den Bergrücken der *Mount Arthur Range* bietet. Die zahlreichen großen Löcher im Kalksteinfels sieht man durch das dichte Gras kaum, und der Weg hält gebührenden Abstand – weshalb man sich unbedingt an die Markierungspfosten halten sollte, will man keinen gebrochenen Knöchel oder gar einen tieferen Absturz riskieren!

Das letzte Wegstück verläuft hoch über den Wolken

Etwa eine Viertelstunde nach Verlassen der Hütte erreicht man bereits den ersten „Zwischengipfel", und auch das Ziel der Wanderung zeigt sich nun. Eine weitere Stunde geht es auf den ersten Bergsattel hinauf, wo man sich entscheiden kann zwischen dem niedrigeren „Wintergipfel" (bei Schnee zu empfehlen) und dem eigentlichen Mount Arthur.

Bei gutem Wetter geht es nach Norden und Westen, immer weiter hinauf auf dem Bergrücken, wobei man mit Glück spektakulär „über den Wolken" läuft. Der Gipfel selbst ist keine große Herausforderung, es gibt auch weder Gipfelkreuz noch Gipfelbuch. Aber die 360°-Blicke auf die Tafelberge im Norden und die *Southern Alps* im Süden sowie die weite Biegung der Tasman Bay im Osten bis nach Nelson sind Belohnung genug.

Fitte Erwachsene schaffen die Wanderung zum Mount Arthur locker an einem Tag. Mit Kindern (oder weniger Kondition) ist eine Übernachtung in der *Mount Arthur Hut* nicht nur sicherer, sondern auch entspannter und gleichzeitig ein tolles Abenteuer!

Info

Lage: Der Track beginnt am *Flora Carpark*, 36 Kilometer von Motueka. Von etwa 1000 Metern Höhe führt der Weg über 9,2 Kilometer bis zum 1795 Meter hohen Mount Arthur. Die dabei gelaufenen Höhenmeter sind beachtlich. Richtig steile Stücke gibt es aber nicht. Insgesamt sind für den Hin- und Rückweg zum Parkplatz 5 bis 7 Stunden nötig, von der *Mount Arthur Hut* sind es 3 bis 4 Stunden.

Keine Sorge: Auch wenn der Track als *Expert Route* eingestuft ist, empfiehlt ihn das DOC für Familien mit Kindern.

Anfahrt: Von Motueka nach Süden auf der Motueka Valley Road fahren, direkt am Büro des DOC vorbei (dort noch einmal nach dem Wetter erkundigen!). In Ngatimoti den Fluss überqueren, dann links abbiegen und weiterfahren auf der Graham Valley Road (geschottert). Am Wegweiser zum Mount Arthur abbiegen und weitere 16 Kilometer bis zum Parkplatz auf dem *Flora Saddle* fahren (die letzten zwei Drittel sind sehr holprig, bei Nässe wird es für Campervans schwierig). Am Parkplatz gibt es einen Unterstand, ein Münztelefon und eine Toilette.

Öffnungszeiten: immer

Achtung: Die Wanderung zum Gipfel des Mount Arthur ist nur im Sommer und bei gutem Wetter als Tageswanderung zu empfehlen. Im Frühling oder Herbst kann es zu plötzlichen Wetterumschwüngen und Schneefällen kommen. Sicherheitshalber kann man dann einen Stopp in der *Mount Arthur Hut* einplanen oder den Weg zum „Wintergipfel" einschlagen, der vom Hauptweg abzweigt.

Eintritt: nichts

Unterkünfte:

- Die *Mount Arthur Hut* ist eine vom DOC verwaltete *serviced hut*. Reservieren ist nicht erforderlich. Es gibt 8 Schlafplätze in einem Gemeinschaftsraum, eine Toilette mit Waschbecken, einen Regenwassertank und einen Holzofen. Eine Übernachtung kostet 18 NZD/Erwachsene, Kinder ab ab 5 Jahren (bis 17) zahlen 9 NZD. Wer vor der Hütte zeltet, zahlt 5 NZD/2,50 NZD.

  Man braucht ein *serviced hut ticket* oder 3 *standard hut tickets* für eine Übernachtung und legt diese in die „Kasse des Vertrauens" an der Hütte.

- Die *Flora Hut*, etwa 2 Kilometer vom *Flora Carpark*, kann alternativ genutzt werden; diese *basic hut* ist kostenlos, bietet 12 Betten mit Matratzen und einen Holzofen. Es gibt auch einen 2,6 Kilometer langen Weg von der Flora Hut zur Mount Arthur Hut.

Westcoast

Weit erstreckt sich die Karamea Bight, der nördlichste Teil der Westcoast

11. Oparara Arches

Karamea

Corbyvale

Tasmanische See

12. Charming Creek

Westport

13. Denniston Experience

Charleston

14. Nile River Caves

Reefton

Punakaiki

Maruia

15. Pororari River Track

Springs Junction

16. Motukiekie Beach

Greymouth

17. Brunner Mine

Haupiri

Hokitika

19. Cesspool Gorge Arahura River

18. Hokitika Gorge

Cass

Herepo

Avoca

Okarito

20. Amethyst Hot Springs

Oxford

Springfield

Franz Josef

Lake Heron

Sheffield

21. Robert's Point Track

11. Oparara Basin: Neuseelands bestgehütetes Geheimnis

Die Westcoast der Südinsel kann man getrost insgesamt als „abseits der ausgetretenen Pfade" bezeichnen. Der Kahurangi National Park, dessen nördlichster Zipfel sich fast bis an die Nordküste erstreckt, sieht dabei wohl die wenigsten Besucher. Wer den 200 Kilometer langen Abstecher von Greymouth nach Karamea auf sich nimmt, wird reich belohnt.

In Karamea, einem der abgelegensten Städtchen Neuseelands, ist Schluss. In die nördlichste Siedlung des Westcoast-Distrikts führt eine einzige Straße, weiter geht es nur zu Fuß. Na gut, nicht ganz: Eine kleine Straße windet sich noch einige Kilometer weiter an der rauen Küste entlang nach Norden.

Der Oparara Arch ist ein Naturdenkmal

Und die sollte man unbedingt erkunden: Sie führt nämlich ins Oparara Basin, wo dichter Regenwald mit moosbedeckten, flechtenbehangenen Bäumen, geheimnisvolle Höhlen und spiegelglatte kleine Seen warten – und das auf einfachen, kurzen Spazierwegen, auf denen man keinen einzigen Menschen trifft. Stattdessen erwartet man an jeder Ecke, einen Dinosaurier, einen Ork oder wenigstens einen Moa zu treffen.

Der Oparara River hat in jahrtausendelanger Arbeit die dicke Kalksteinschicht des Bodens immer weiter ausgewaschen, bis riesige Höhlen entstanden, deren Decken teilweise bereits wieder eingestürzt sind. So ist ein weitverzweigtes System aus Tunneln entstanden, das vor allem für zwei eindrucksvolle Felsenbögen bekannt ist.

Nur etwa eine halbe Stunde auf einem bequemen Weg am Ufer des Oparara River entlang braucht man, um den südlichen Eingang des Oparara Arch zu erreichen: Mit 219 Metern Länge, bis zu 79 Metern

Breite und 43 Metern Höhe gilt er als größter natürlicher Felsenbogen der südlichen Hemisphäre. Nach Regenfällen sieht dieser kathedralenartige Bogen besonders beeindruckend aus, dann stürzt von seiner Mitte ein Wasserfall hinab in das whiskybraune Wasser des Flusses. Der Weg führt bis in etwa ein Drittel der Höhle hinein und endet an einer erhöhten Aussichtsplattform, wo man der Natur bei der Arbeit zusehen kann: Hier entstehen Stalaktiten an der Höhlendecke.

Abstieg unter den Moria Gate Arch

Auf einem anderen Weg gelangt man in etwa 30 Minuten durch dichten Westcoast-Regenwald zum Moria Gate Arch, der zwar mit „nur" 19 Metern Höhe nicht gegen den gigantische Oparara Arch anstinken kann, dafür aber mit seinen zahlreichen Stalaktiten nicht weniger spektakulär ist. Auch diese Höhle kann man betreten, allerdings ist hierfür eine Kletterpartie über glitschige Steine nötig. Seinen Namen hat dieser 43 Meter breite Felsenbogen tatsächlich vom „Herrn der Ringe" erhalten; die Dreharbeiten am Eingang der gleichnamigen Zwergenmine fanden aber erst viel später und nicht hier statt.

Statt Zwergen und Orks tummelten sich im Kahurangi National Park andere seltsame Wesen: Folgt man dem Weg über den Felsenbogen zu einem Aussichtspunkt, sieht man die (künstlichen) Abdrücke von Moa-Klauen. Dieser bis zu vier Meter große Laufvogel war schon von den Maori ausgerottet worden, bevor die ersten Europäer Neuseeland betraten.

Ein spannender Abstecher für alle, die noch nicht genug haben, ist der Spaziergang zu den Crazy Paving Caves und zum Box Canyon. Noch einmal ins Auto steigen und weitere drei Kilometer den Forstweg hinaufkämpfen zum nun aber wirklich letzten Parkplatz *(Upper Oparara Carpark)*. Von hier sind es nur fünf Minuten zu zwei kleinen Höhlen, die mit einer Taschenlampe erkundet werden können. Und die Lampe braucht man – wenigstens, um den lustigen Namen der ersten Höhle zu verstehen.

Info

Lage: Karamea liegt im äußersten Nordwesten der Westcoast, 96 Kilometer von Westport. Bekannt ist Karamea als Startpunkt des fünftägigen Heaphy Track, der 20 Kilometer nördlich des Ortes am Kohaihai River startet.

Anfahrt: Der *Oparara Carpark*, von dem die Wege zu den Höhlen starten, liegt etwa 23 Kilometer nordöstlich von Karamea am Ufer des Oparara River. Von Karamea auf der Karamea–Kohaihai Road ca. 11 Kilometer nach Norden, dann rechts abbiegen auf McCallum's Mill Road und weitere 12 Kilometer bis zum Parkplatz fahren; dieser Straßenabschnitt ist geschottert, eng und teilweise sehr steil, daher nicht geeignet für größere Campervans!

Öffnungszeiten: immer

Zum Oparara Arch führt der etwa 1 Kilometer lange Oparara Arch Track. Den Moria Gate Arch erreicht man auf dem 4,1 Kilometer langen Moria Gate Mirror Tarn Loop.

Eintritt: nichts

Aktivitäten: Das Unternehmen *Oparara Guided Tours* bietet geführte Wanderungen durch das gesamte Höhlensystem des Oparara Basin an, ab 95 NZD pro Person.

Unterkünfte:
- *Kohaihai DOC Campsite*, Standard-Kategorie, mit Telefon, WCs, Kochhütte und BBQ, 50 Stellplätze an der Mündung des Kohaihai River und dem Startpunkt des Heaphy Track, viele Sandflies!, maximal 2 Tage Aufenthalt erlaubt, Zufahrt über Council Road (letzte Kilometer sind geschottert), 8 NZD/Erwachsene, 4 NZD/Kinder ab 5 Jahren

12. Charming Creek Walkway: auf den Spuren des schwarzen Goldes

So unberührt die Westcoast oft scheinen mag, sie ist durchzogen mit viel Geschichte – hier ruhten die Hoffnungen und Träume der ersten Siedler und Abenteurer, die in Neuseeland mit Gold ihr Vermögen machen wollten. Den wahren Reichtum brachte dann das „schwarze Gold", und die Spuren dieses Schatzes kann man noch heute überall finden.

Auf einem mit zehn Kilometern Länge nicht allzu schwierigen, enorm abwechslungsreichen und damit für Familien perfekten Track in der Nähe von Westport kann man dem Verlauf einer historischen, heute nicht mehr genutzten Bahnlinie durch die untere Ngakawau Gorge und das Charming Creek Valley folgen. Am Wegrand entdeckt man dabei alte Gerätschaften und Hinterlassenschaften der Minenarbeiter, verlassene Tunnel und immer wieder auch kleine Brocken Steinkohle – das „schwarze Gold", das ab dem Ende des 19. Jahrhunderts in dieser Region massenhaft gefördert wurde.

Die nur hier vorkommende Bitumen-Kohle eignete sich perfekt für den Antrieb von Dampfschiffen und Eisenbahnen, was der Westcoast enorme wirtschaftliche Bedeutung verlieh. Die Kohlevorkommen am oberen Flusslauf des Charming Creek waren entdeckt worden, als man die Suche nach Kohle in der Gegend bereits aufgegeben hatte. Um in die isolierte Waldregion vordringen zu können, nutzte man die Gleise zu einer Sägemühle in der Ngakawau Gorge. Die Bahnlinie war neun Meter über dem Fluss mitten durch den Felsen getrieben worden und führte über mehrere Brücken, darunter eine 37 Meter lange Hängebrücke. Gezogen wurden die Waggons von umgebauten Traktoren.

1929 begann der Förderbetrieb, und bis 1986 arbeiteten bis zu 70 *coal-miners* am Charming Creek, die über eine Million Tonnen Steinkohle abbauten. Bis 1948 war die Mine nicht über Straßen erreichbar; die Arbeiter liefen entweder täglich von Seddonville acht Kilometer durch den *bush*, oder sie fuhren von Ngakawau aus in den leeren Bahnwaggons zur Mine.

Startet man auf dem Charming Creek Walkway im Süden nahe Ngakawau, läuft man zuerst etwa eine halbe Stunde bergauf bis zum Beginn

Der Charming Creek Walkway ist extrem abwechslungsreich

Der Charming Creek Walkway folgt der alten Bahnlinie durch den Wald

der Lower Ngakawau Gorge. Wie schwierig es war, die schwer beladenen Waggons in dem steilen Gelände zu kontrollieren, kann man an den Überresten der alten hölzernen Handbremse erkennen, die der Weg passiert.

Die spektakuläre Hängebrücke über den Ngakawau River, erreicht nach etwa einer Stunde Marsch, bietet einen weiten Blick in beide Seiten der Schlucht hinein. Wer sich über den guten Zustand der Brücke wundert: Das Original stürzte schon 1934 ein, die neue Brücke wurde von der Armee erst in den 1970er-Jahren errichtet. Die nahen Mangatini Falls sehen schön aus, sind aber durch die noch in Betrieb befindliche Kohlenmine in Stockton stark verschmutzt.

Durch einen 50 Meter langen Tunnel kommt man dann zu einem Wegabschnitt namens *The Verandah* – eine passende Bezeichnung für die wunderschönen Ausblicke auf den Fluss und die obere Ngakawau Gorge.

Nach den Ruinen von Watson's Mill (dem Sägewerk, das die *Charming Creek Railway* gebaut hat) und einer weiteren kleinen Hängebrücke passiert der Track das *stink hole*, ein übel nach Schwefel riechendes Abwasserloch, das vom Versuch blieb, hier neue Kohlevorkommen zu erschließen. Nun führen die alten Bahngleise über verwilderte, zugewachsene Weiden, vorbei an den verrosteten Waggons bei Mumm's Mill, und bringen die Wanderer schließlich zum Eingang der alten Charming Creek Mine am Ende des Tracks. Die beiden Eingänge zu den alten Tunneln sind geschlossen, aber wer sich umschaut, entdeckt hier zahlreiche spannende Artefakte und verfallene Gebäude.

Info

Lage: Charming Creek liegt etwa 40 Kilometer nordöstlich von Westport an der Westcoast.

Anfahrt: Es gibt zwei Zugänge zu diesem Track, der kein Rundweg ist. Das südliche Ende erreicht man vom SH 67 in Ngakawau (gut ausgeschildert), etwa 35 Kilometer nordöstlich von Westport. Im Norden beginnt der Track an der verlassenen Charming Creek Mine, am Ende einer 10 Kilometer langen geschotterten Straße. Diese zweigt in Seddonville, etwa 50 Kilometer nordöstlich von Westport, vom SH 67 ab.

Es ist möglich, den Track hin und wieder zurück zu laufen, dafür sollten aber 6 bis 7 Stunden eingeplant werden. Wer Kinder dabei hat oder wenig Zeit, der sollte an der Watson's Mill umkehren und nach Ngakawau zurücklaufen.

Öffnungszeiten: immer

Achtung: Dieser Track ist gleichzeitig ein Mountainbike-Track, man sollte also achtgeben auf plötzlich heranbrausende Radler.

Eintritt: nichts

Unterkünfte:
- *The Ghost Lodge,* Apartments in einer historischen, modernisierten Villa direkt am Strand in Granity, 5 Autominuten vom Start des Charming Creek Walkway, 89 Torea Street, ab 130 NZD/2 Personen (DZ mit Gemeinschaftsbad), Tel.: +64-21 267 5102, E-Mail: stay@ghostlodge.co.nz

13. Denniston Coalmine: Geschichte zum Anfassen

Das einzige Besucherbergwerk Neuseelands musste leider seine Tore in die Unterwelt schließen. Die Spuren der Minenarbeiter lassen sich ringsherum aber immer noch entdecken.

Die alte Technik beeindruckt noch heute

Das karge, windgepeitschte Mount Rochfort Plateau bietet einen weiten Blick über die menschenleere, oft im Nebel liegende Küstenebene der Karamea Bight nordöstlich von Westport. Etwa 600 Meter über dem wild tosenden Pazifik lebten hier im Örtchen Denniston bis zur Mitte des 20. Jahrhunderts an die 2000 Menschen, fast komplett abgeschnitten von der Außenwelt. Erst 1902 wurde eine Straße in den Ort gebaut, vorher gab es nur einen schmalen Pfad und die *Denniston Incline*: eine unglaublich steile Bahntrasse, die zu ihrer Zeit als Achtes Weltwunder galt. Heute trifft man in Denniston bis auf die Mitarbeiter des Besucherbergwerks fast niemanden mehr. Die Bahnlinie, deren alte Gleise noch überall zu sehen sind, stellte 1967 ihren Betrieb ein. Von den Hotels, Restaurants und Schulen der Kleinstadt, in der die Familien der Kohlearbeiter ihr karges Leben fristeten, sind heute nur noch zwei Häuser übrig.

Die letzten Einwohner von Denniston leisten allerdings einen großartigen Job, die Geschichte ihrer alten Heimat lebendig zu erhalten. Wer sich auf dem steilen Denniston Bridle Path über (mindestens!) drei Stunden durch dichten neuseeländischen *bush*, über Felsen und Bachläufe bergauf kämpft, der gelangt auf demselben Weg auf das karge Bergplateau, der zwischen 1884 und 1902 der einzige Zugang in die kleine Siedlung war. Wem die Puste ausgeht, der kann den Abzweig zur Waimangaroa-Denniston Road einschlagen und einen weniger steilen Zugang über die 1902 gebaute Straße nehmen – oder ganz bequem mit dem Auto hinauf auf das Plateau fahren.

Für die ersten Bewohner von Denniston gab es nur eine Alternative: Man konnte sich in einer Kohlenlore über die Denniston Incline nach oben ziehen lassen. Dieses technische Meisterwerk, eine Seilwinde mit

Hinterlassenschaften einer Ära

hydraulischen Kurbeln, diente der Ablieferung der zu Tage geförderten Kohle, die dann von Conns Creek mit der Eisenbahn nach Westport gefahren und von dort nach ganz Neuseeland verschifft wurde. In den 1950er-Jahren sank die Nachfrage, 1967 wurde die Bahnlinie eingestellt – kurz bevor das Inangahua-Erdbeben die Strecke sowieso zerstört hätte. 1995 beendete Coalcorp die Förderung in der Mine. Kleinere Minen sind aber bis heute auf dem Plateau aktiv.

Die Lebensbedingungen der Minenarbeiter und ihrer Familien waren unglaublich hart. Das kann man heute im Denniston Museum nachfühlen, das der Verein Friends of the Hill im ehemaligen Schulgebäude betreibt. An den Überresten verlassener Gebäude, die sich kaum noch als Hotels, Kirchen oder Bäckereien ausmachen lassen, finden sich Infotafeln, die sich zu einem lehrreichen Stadtrundgang verbinden.

Wie es im Inneren der Kohlenmine aussah und wie gefährlich die Arbeit besonders in den frühen Jahren war, bleibt Besuchern leider verschlossen; die „Denniston Experience", eine interaktive geführte Tour durch

Blick vom Mount Rochfort Plateau über die Karamea Bight

das Bergwerk, wurde wegen verschärfter Sicherheitsregulierungen Anfang 2017 auf unbestimmte Zeit geschlossen.

Zum Glück liegen auch außerhalb der Minentunnel noch reichlich Relikte und Artefakte aus vergangenen Tagen herum – rostige Gerätschaften, Überreste der Lorenbahn und die Grundmauern von Fabrikgebäuden warten auf den kurzen Rundwegen, die von der Geisterstadt abzweigen. Am faszinierendsten sind zweifellos die Überreste der Denniston Incline – verrostete Lorenwagen links und rechts der Gleise zeugen davon, dass dieses technische Meisterwerk nicht eben zuverlässig arbeitete und dass es hier oft zu Unfällen kam. Kein Wunder, dass in Denniston die erste Minenarbeiter-Gewerkschaft gegründet wurde – und dass die Einwohner die Flucht in angenehmer temperierte Orte ergriffen, sobald ihnen die Straße die Gelegenheit dazu gab.

Info
Lage: Denniston, heute eine „Geisterstadt", liegt 18 Kilometer nordöstlich von Westport, im nördlichsten Teil der Westcoast.

Anfahrt: Von Westport auf SH 67 etwa 15 Kilometer nach Norden fahren, in Waimangaroa rechts abbiegen nach Denniston bis zum DOC Parkplatz.

Der Bridle Path führt von der Conns Creek Road hinter Waimangaroa 4,2 Kilometer steil bergauf nach Denniston.

Öffnungszeiten: immer; das Denniston Museum ist während der Schulferien und an Feiertagen von 10 bis 16 Uhr geöffnet.

Eintritt: nichts; eine Spende für das Museum ist gern gesehen. Kontakt: Tel.: +64-3 789 9755, E-Mail: hillfriends@hotmail.com

Achtung: Das Wetter auf dem Plateau ist noch unbarmherziger als „unten" an der Westcoast; warme und wasserfeste Kleidung sowie festes Schuhwerk für die schlammigen Wege sind ein Muss.

Unterkünfte:
- *Gentle Annie Seaside Accommodation and Camping Ground*, geschützte Lage zwischen Meer und Mokihinui River, kostenlose Duschen und WiFi, Café *The Cowshed* mit Pizza-Holzofen, 5 Bungalows ab 30 NZD/Nacht, Stellplätze für Campervans 24 NZD/2 Erwachsene, 6 NZD/Kinder bis 12 Jahre, De Malmanches Road 298, Mokihinui, Tel.: +64-3 782 1826 oder +64 27 418 8587 (Handy), E-Mail: thefolk@gentleannie.co.nz

14. Nile River Cave System: Mutprobe und Abenteuer

Komplette Finsternis, bedrängende Stille, Klaustrophobie – und jahrtausendealte Stalaktiten, stumm leuchtende Milchstraßen aus *glow-worms* an kirchenhohen Höhlendecken. Eine Tour durch das Höhlensystem der Nile River Caves bei Charleston ist eine Offenbarung, weil sie nicht nur durch wundervolle Natur führt, sondern auch an die eigenen Grenzen.

In Charleston, einem kleinen Flecken etwa 30 Kilometer südlich von Westport, ist seit dem Verebben des Goldrauschs von 1866 nicht mehr viel passiert. Das heißt aber nicht, dass die Gegend nichts zu bieten hätte, im Gegenteil.

Ersehntes Licht am Ende des Tunnels

Eingang zur Nile River Cave

Kurz vor der Ortsgrenze wartet mitten im dichten Regenwald der schwarz gähnende Eingang zur Nile River Cave. Neuseelands größtes Höhlensystem erstreckt sich über Kilometer unter dem Boden des Paparoa National Park, ausgewaschen im Lauf der Jahrhunderte vom Ananui Creek, einem Zufluss des Waitakere/Nile River.

Öffentlich zugänglich ist nur ein Teil des Höhlensystems. Am einfachsten erreicht man das Metro Cave System: Diese Höhlen liegen durchgängig über dem Wasserspiegel und können ohne Probleme erkundet werden. Etwa eine Stunde braucht man, um den *Room of Chaos*, die *Hall of Refugees* oder die *Giraffe Corner* zu durchqueren. Eine gute Taschenlampe ist dringend erforderlich, und weder Angst vor Dunkelheit noch vor engen Felsspalten sollte man mitbringen. Eine Ebene tiefer liegen die Ananui Caves; hier fließt der gleichnamige Fluss noch immer und wäscht fleißig Körnchen für Körnchen des Kalksteins weg.

Das größte Höhlensystem Neuseelands liegt im dichten Regenwald

Wer bereits die Waitomo Caves auf der Nordinsel besichtigt hat, der kann direkt vergleichen: Hier ist nichts für Touristen und Besucher aufbereitet, vereinfacht oder eigens angelegt worden, es gibt keine erhöhten, begradigten Wege, keine Geländer und keine Brücken. Die Höhlen sehen noch genauso aus wie damals, als man sie vor einigen Jahrzehnten entdeckt hat.

Mutprobe: Taschenlampe ausmachen! Die Finsternis und die Stille lasten wie eine schwere schwarze Decke auf Kopf und Schultern, die Brust wird eng, die Ohren hören eingebildete Geräusche. Sind die Augen noch offen oder geschlossen? Wer da niemanden zum Festhalten hat, der bekommt schon nach wenigen Minuten den „Höhlenkoller". Und auch wenn das Licht wieder an ist: So richtig wohl fühlt man sich doch erst wieder, wenn man die Sonne durch das Laubgrün am Höhlenausgang blitzen sieht.

Wer nicht wasserscheu ist, kann zur Mutprobe Nummer zwei antreten: *Underworld Rafting* auf dem Ananui Creek, der in den unteren Höhlenbereichen fließt. Ohne Taschenlampen, nur im Schein der *glow-worms*, gleitet man im Wetsuit auf einem dicken Schwimmreifen über das schwarze Wasser, bis man über die schäumenden Stromschnellen der Nile River Rapids wieder ans ersehnte Tageslicht gelangt.

Info

Lage: Charleston liegt etwa 30 Kilometer südlich von Westport an der Westcoast.

Anfahrt: Von Charleston aus fährt man mit dem Minibus und dem *Rainforest Train* bis (fast) zum Eingang der Metro Cave. Der Zugang zu den Höhlen und in die Höhlen ist nur im Rahmen geführter Touren möglich.

Öffnungszeiten: Die Führung durch die Höhle mit dem vom DOC zertifizierten Unternehmen *Underworld Adventures* dauert etwa 2 Stunden, Gesamtzeit des Ausflugs ab Charleston 3,5 Stunden. Start ist dreimal täglich zu jeder Jahreszeit.

Eintritt: Die *Glowworm Cave Tour* mit *Underworld Adventures* kostet 120 NZD/Erwachsener, 87,50 NZD/Kinder bis 16 Jahre, 400 NZD/Familienkarte. Die Zugfahrt ist darin inbegriffen, der Einzelpreis dafür sind 25 NZD/Erwachsene, 20 NZD/Kinder

Helme, Regenmäntel und Stiefel werden gestellt.

Kontakt: +64-3 788 8168, E-Mail: contact@caverafting.com

Unterkünfte:

- *Charleston Holiday Park* mitten im Regenwald, mit 15 *powered sites* und 100 Stellplätzen ohne Strom, mit Küche, Aufenthaltsraum und Spielplatz, 34 NZD/2 Erwachsene, 8,50 NZD/Kinder bis 12 Jahre, 2,50 NZD/Kinder unter 5 Jahren, SH 6, Charleston, Tel.: +64-3 789 6773, E-Mail: cmcamp@xtra.co.nz
- *Jack's Gasthof*, 5 Kilometer nördlich von Charleston, auf großer Wiese gelegen, 3 *powered sites* und viel Platz für Zelte, sehr rudimentär ausgestattet (Freiluftdusche, WiFi morgens und abends), mit Restaurant am Platz, 20 NZD/2 Erwachsene plus 5 NZD/Stellplatz für Strom, Tel.: +64-3 789 6501, E-Mail: jack.schubert@xtra.co.nz

15. Pororari River Track: Naturerlebnis abseits der Reisebusse

Die Pancake Rocks in Punakaiki stehen als Highlight in jedem Neu-seeland-Reiseführer und gefühlt jeder Tourist schaut dort für eine Stippvisite vorbei. Nur die wenigsten nehmen sich jedoch genug Zeit, um auch die wunderschöne Umgebung der Pfannkuchenfelsen zu entdecken.

Dinosaurier-Feeling am Pororari River

Man braucht weniger als eine Stunde, um den Pororari River Track zu gehen, aber diese Zeit ist gut investiert. Dramatische Felswände aus Kalkstein türmen sich zu beiden Seiten des Pfades, der sich am linken Ufer des steinigen Pororari River flussaufwärts in die dichten Wälder des Paparoa National Park windet.

Das dichte Gestrüpp des subtropischen Regenwaldes aus Baumfarnen, Nikau-Palmen und hoch aufragenden *Rata*-Bäumen mit herabhängenden Luftwurzeln öffnet sich nach etwa einer Viertelstunde unvermittelt zu einer Lichtung, die gerade im Sommer zu einer Picknickpause mit Badestopp im Fluss einlädt. Einige Schwimmlöcher sind tief genug, um von den großen Felsen ins eiskalte Wasser zu springen.

Wer stattdessen ganz still bleibt, der sieht winzige *Tomtits* und *Bush Robins*, hört die Rufe von Waldtauben, *Tuis* und *Bellbirds* im Wald und erwischt die neugierig überall herumstochernden *Wekas*, bevor sie die Picknickvorräte geplündert haben.

Wer nur wenig Zeit hat, der kann hier umkehren; wer dem Verlauf der Schlucht weiter folgt, der gelangt nach etwa einer Stunde aus der engen Schlucht heraus auf die offene Flussebene des Pororari River, wo der Track auf den Inland Pack Track trifft.

Dieser 25 Kilometer lange Mehrtages-Track ist wegen Sturmschäden auf dem mittleren Teil für unbestimmte Zeit geschlossen. Es ist jedoch möglich und eine beliebte Kombination bei Wanderern, den ersten Teil des Tracks von der Kreuzung mit dem Pororari River Track bis zurück nach Punakaiki zu laufen. Der Track erreicht den SH 6 etwa einen Kilometer südlich von der i-Site.

Info

Lage: Punakaiki liegt zwischen Greymouth im Süden und Westport im Norden, im Zentrum des Paparoa National Park.

Anfahrt: Der Track beginnt an der Brücke über den Pororari River, etwa 1 Kilometer nördlich der i-Site von Punakaiki.

Für den Hin- und Rückweg auf dem Pororari River Track benötigt man etwa eine Stunde (jeweils 3,5 Kilometer), die Verbindung über den Inland Pack Track zurück nach Punakaiki braucht insgesamt 3 Stunden (11 Kilometer).

Von der Hauptstraße, die durch Punakaiki führt, zweigen noch viele weitere interessante, kurze und einfache Wanderwege ab!

Öffnungszeiten: immer

Eintritt: nichts

Vorsicht: Der poröse Untergrund im Paparoa National Park ist durchzogen von Höhlen, Felsspalten und tiefen Löchern (*tomos*). Man sollte hier immer auf den markierten Wegen bleiben.

16. Motukiekie Beach: der schönste Strand der Südinsel?!

Timing ist alles, wenn man diesen Strand, vielleicht den schönsten der gesamten Südinsel, anschauen und betreten will. Nur bei Ebbe ist das möglich, ansonsten liegt Motukiekie Beach komplett unter Wasser. Hat man es geschafft, erkennt man mit Sicherheit einige spektakuläre Neuseeland-Kalenderfotos wieder.

Kein Hinweisschild zeigt den Weg, keine Broschüre an der i-Site preist seine Schönheit und keine geführte Tour hat Motukiekie Beach auf dem Plan. Tausende von Touristen fahren in der Hauptsaison in ihren Miet-Campervans direkt daran vorbei – aber kaum jemand ergreift die Gelegenheit zu diesem wirklich atemberaubenden Strandspaziergang.

20 Kilometer nördlich von Greymouth erstreckt sich der Küstenabschnitt der Motukiekie Coast – von den Maori als Gestrüpp-Küste bezeichnet, was der Schönheit dieses Strandes wahrhaft nicht gerecht wird.

Wartet man die Ebbe ab und steigt dann hinunter – markierte oder gar gesicherte Pfade gibt es hier nicht, ein wenig Kraxelei an der Steilküste ist vonnöten –, erwartet einen die Quintessenz neuseeländischer Naturschönheit. Aufgeschichtete, brandungsgepeitschte Felsen, die in ständiger Erosion begriffen sind, fantastisch geformte Überhänge, Bögen und Tunnel, knorriges Treibholz und spannendes Strandgut, angeschwemmte Kelp-Nester und geheimnisvolle Muscheln, Klippen-Wasserfälle und Gezeitenpools mit knallbunten Seestern-Kolonien, dazwischen auch das

Immer anders, immer wunderschön: Motukiekie Beach

eine oder andere verrostete Autowrack, das an die wenig befestigte Küstenstraße hoch über dem Strand erinnert.

Das Spannende an Motukiekie Beach: Er sieht jedesmal anders aus, wenn die Flut ihn freigibt. Die Gezeiten und Strömungen bringen neuen Sand und Kiesel, tragen ihn wieder ab, nagen an den Felsen, legen den seltsam geformten Untergrund frei und lassen ihn wieder verschwinden. Regen und Nebel verändern täglich das Licht und die Farben, zaubern Wasserfälle herbei und wieder fort, lassen dichte Baumfarne an den Klippen sprießen oder die ganze Küste im Dämmerlicht verschwinden.

Das alles lässt sich nur entdecken und bewundern, wenn das Timing exakt stimmt: Einen Strandbesuch sollte man zwei, spätestens 1,5 Stunden vor dem Ebbe-Tiefstand starten und dabei etwa zwei Kilometer laufen, damit man den schönsten Abschnitt des Strandes rund um den großen, ausgehöhlten Felsen von jeder Seite sehen kann.

Wharariki Beach, Curio Bay, Gillespies Beach? Alle schön. Aber Motukiekie Beach – der Wahnsinn.

Info

Lage: Die Motukiekie Coast liegt zwischen Greymouth und Punakaiki, direkt am SH 6. Auf Google Maps ist der Strand als *Motukiekie Rocks* eingezeichnet.

Anfahrt: Von Greymouth auf dem SH 6 etwa 20 Kilometer nach Norden fahren. Kurz nach der *Twelve Mile Bridge* den ersten Abzweig links nehmen, nach den Häuschen am Straßenrand. Von Punakaiki sind es etwa 24 Kilometer nach Süden, dann kurz nach der *Thirteen Mile Creek Bridge* parken, wo die Straße fast direkt auf der Höhe des Strandes verläuft. GPS: -42.314719, 171.279769

Achtung: Es gibt keinen richtigen Parkplatz, bitte vorsichtig parken!

Öffnungszeiten: 1,5 Stunden vor und nach Ebbe; unbedingt genau die Zeiten für Punakaiki/Greymouth prüfen, sonst wird es lebensgefährlich!

Tipp für Fotografen: Wolkenverhangener Himmel und Regen sollten kein Grund sein, den Strandbesuch abzusagen, im Gegenteil: Bei diesem Licht wirkt der Strand noch mystischer und wilder.

Eintritt: nichts

17. Brunner Industrial Site: „Lost Place" bei Greymouth

Neuseelands Südinsel wartet nicht nur mit grandioser Natur auf. Auch einige sogenannte *Lost Places* mit verfallenen Ruinen und geheimnisvollen Hinterlassenschaften finden sich an vielen Orten und faszinieren nicht nur Historiker. Eines der ältesten Kohlebergwerke Neuseelands bzw. seine Ruinen kann man nahe Greymouth durchstreifen.

Zwölf Jahre lang, von 1864 bis 1872, lieferte die *Brunner Mine* am Ufer des Grey River zuverlässig tonnenweise Steinkohle; sie war eines der ersten und auch eines der größten Kohlebergwerke Neuseelands. Bald wurde hier nicht nur Kohle gefördert, sondern man produzierte auch Stahl und Ziegel vor Ort. Anfang der 1870er-Jahre waren die Minen in der Coal Gorge zwischen Stillwater und Taylorville die ertragreichsten

Das weitläufige Gelände der Brunner Mine lädt zum Entdecken ein

Kohlebergwerke des Landes. Über 100 Eisenbahnwaggon-Ladungen täglich wurden von hier über die eigens angelegte Bahnlinie an die Küste gebracht und bis nach Australien verschifft.

Der hoch aufragende Schornstein, die Reste der Koksöfen und Minenschächte und die im Jahr 2004 penibel restaurierte Hängebrücke erzählen aber nur die glanzvolle Seite der Geschichte. Zeitzeugenberichte auf dem gut beschilderten Erlebnispfad, der heute durch die Ruinen führt, zeichnen ein anderes Bild: Miserable Lebens- und Arbeitsbedingungen machten die *Brunner Mine* zu einem der unwirtlichsten Orte in Neuseeland.

Ein furchtbares Ereignis sorgte sogar für internationale Schlagzeilen: Eine Gasexplosion unter Tage im Jahr 1896 tötete alle 65 Minenarbeiter, die zu dieser Zeit in den Stollen arbeiteten. Bis heute gilt dies als eines der schwersten Arbeitsunglücke Neuseelands. Ein Gedenkstein erinnert

Alles ist liebevoll restauriert

an die damals Gestorbenen, und auf dem Friedhof im nahegelegenen Örtchen Stillwater findet man noch ein Massengrab, in dem 33 der Minenarbeiter beerdigt sind.

Auch die Natur meinte es nicht gut mit den Menschen, die hier ihr Leben fristen mussten: Das enge Flusstal des Grey River wird immer wieder von Überschwemmungen heimgesucht, und der Wind, der durch die Schlucht pfeift, heißt mit gutem Grund „der Barbier": Er ist so scharf, dass man sich angeblich mit ihm rasieren kann.

Nachdem 1921 das reiche Kohleflöz erschöpft war, stoppte man die Förderung und die Anlage verfiel schnell. Erst in den 1970er-Jahren bemühte sich eine Stiftung um die Restaurierung des Industriedenkmals. Die Ruinen waren zu dieser Zeit schon fast im wild wuchernden Regenwald

Erinnerung an die Opfer der Minenarbeiter

verschwunden, die einstmals hochmoderne Hängebrücke über den Grey River, die sogar über Straßenbeleuchtung verfügt hatte, schon lange für den Personenverkehr gesperrt.

Mehr als 100 Jahre nach ihrer Eröffnung und zum insgesamt sechsten Mal wurde die historische Hängebrücke erneuert und ist seit 2004 wieder benutzbar. Heute machen jährlich fast 30.000 Besucher den Abstecher vom SH 7 und bewundern die fast originalgetreu restaurierte Brücke (sie ist nur zehn Prozent kleiner als die ursprüngliche Version) und die umgebenden Baudenkmale, die ebenso sorgsam erneuert wurden.

Für eine kurze Pause, um sich die Füße zu vertreten, ist die *Brunner Industrial Site* ebenso geeignet wie für eine Stunde Geschichtsunterricht oder einen Foto-Walk mit etwas anderen Motiven. Prädikat: sehenswert!

Info

Lage: Die *Brunner Industrial Site* liegt 11 Kilometer landeinwärts von Greymouth am Ufer des Grey River.

Anfahrt: Zugang zu den Ruinen der Brunner Mine bekommt man von beiden Seiten des Flusses: Entweder direkt vom SH 7 abfahren auf den Besucherparkplatz an der Tyneside. Vom anderen Flussufer erreicht man das Gelände über die Taylorville Road, die kurz nach der Ortsgrenze von Greymouth vom SH 6 (in Richtung Norden aus der Stadt fahren) rechts abzweigt. Auf diesem Parkplatz ist nicht ganz so viel Platz, dafür spart man beim Rundweg von hier aus etwas Zeit.

Öffnungszeiten: immer
Der Rundweg über das Gelände wird mit einer Stunde veranschlagt.

Eintritt: nichts

Der Brunner Mine Site Walk führt über 2 Kilometer durch das Gelände, Abkürzungen und Erkundungen auf eigene Faust sind problemlos möglich. Der Weg ist einfach und Buggy-tauglich.

Aktivitäten: Wer genug Geschichte getankt hat, kann unter der Hängebrücke eine Picknickpause einlegen und im Sommer im Fluss schwimmen.

Unterkünfte:
- *Nelson Creek Campsite:* stilecht übernachten etwa 20 Kilometer weiter landeinwärts auf dem Gelände einer alten Goldgräberstadt, direkt am Flussufer mit Badestelle, Spielplatz und einigen kurzen Wanderwegen; von Greymouth ca. 25 Kilometer landeinwärts nach Ngahere, danach rechts vom SH 7 abbiegen, weitere 6,5 Kilometer nach Nelson Creek fahren, dann gegenüber vom Pub links in den Park einbiegen, 6 NZD/Erwachsene, 3 NZD/Kinder.

18. Hokitika Gorge: Schnappschussgelegenheit für jedermann

Ein Geheimtipp ist diese Schlucht in der Nähe des Örtchens Hokitika nicht mehr. Auf TripAdvisor & Co. finden sich zahlreiche begeisterte Berichte, der Besucherparkplatz ist meist voll und die Anfahrt gut ausgeschildert. Trotzdem gehört die Hokitika Gorge, genau wie die Punakaiki Blowholes, zum Pflichtprogramm eines Besuchs an der Westcoast. Ein unglaublicheres Blau wird man in ganz Neuseeland nicht sehen.

Die Farben an diesem besonderen Ort sind gerade in ihrer Kombination eine absolute Augenweide: schwarze Granitfelsen, sattgrüner Re-

Geradezu unglaublich blau: das Wasser der Hokitika Gorge

genwald und dazwischen das quietschend türkisblau-grüne Wasser des Flusses, der wie eingefärbte Milch aussieht. Hier macht selbst die einfachste Kamera grandiose Bilder zum Angeben, und man könnte selbst mit geschlossenen Augen kein schlechtes Foto von dieser Szene machen: eine enge Schlucht, überspannt von einer hübschen Hängebrücke, und dann dieses unglaubliche Blau.

Selbst wenn es regnet, was es an der Westcoast ja häufig tut, knallt das Türkisblau des Flusses immer noch ins Objektiv, ohne dass man einen Filter darüberlegen müsste. Vom Besucherparkplatz führt ein massen- und rollstuhltauglicher breiter Weg über etwa 600 Meter durch lichten Wald auf eine Aussichtsplattform. Hier hört man dann nur noch das Klicken der Kameras …

Hokitika selbst ist ein kleines Städtchen mit einer grandiosen Geschichte aus Goldgräberzeiten (mit über 6000 Einwohnern war es um 1870 eine der größten Städte Neuseelands), das sich seit einigen Jahren auf spannende Weise als Künstlerzentrum neu erfindet. Wer tiefer in die Geschichte des Städtchens eintauchen will, dem sei das Meisterwerk *The Luminaries* von *Man Booker*-Preisträgerin Eleanor Catton empfohlen.

Der Abstecher 33 Kilometer landeinwärts zur Hokitika Gorge ist jedenfalls – sollte diese Frage aufkommen – absolut in Ordnung, auch wenn es außer dem Aussichtspunkt an der Hängebrücke nichts weiter zu entdecken oder zu bestaunen gibt. Halt, doch: Bei gutem Wetter kann man am Rand der Schlucht hinunter ans Wasser klettern und ein (sehr) erfrischendes Bad nehmen.

Anstatt dieselbe Strecke hin und wieder zurück zu fahren, bietet sich die Rückfahrt über den Lake Kaniere an. Hier kann man eine entspannte, idyllische Picknickpause am Ufer einlegen, im überraschend warmen, wenn auch durch Tannine braun eingefärbten Wasser baden und sich von der *awesomeness* der Hokitika Gorge erholen.

Kurzer Badestopp im eiskalten Wasser?

Hokitika an der Westcoast ist erstaunlich cool

Info

Lage: Die Hokitika Gorge liegt am Ende der Whitcombe Valley Road, etwa 30 Kilometer südlich vom Städtchen Hokitika im äußersten Norden des Westland-Distrikts. GPS: -42.956656, 171.017467

Anfahrt: Von Hokitika ist der Weg zur Schlucht ausgeschildert; trotz zahlreicher Abzweige ist er nicht zu verfehlen. Für die Rückfahrt über den Lake Kaniere in Kokatahi nicht geradeaus zurück nach Hokitika fahren, sondern rechts abbiegen (Lake Kaniere ist ausgeschildert).

Öffnungszeiten: immer

Eintritt: nichts

Aktivitäten: Weiter flussaufwärts fließt das Wasser des Hokitika River nicht mehr so ruhig. Hier kann man anspruchsvolle Kajak-Touren durch die Schlucht machen.

Unterkünfte:
- *Hans Bay DOC Campsite*, Standard-Kategorie, am nordöstlichen Ufer des Lake Kaniere, auf großer Wiese am See, 40 Stellplätze ohne Strom, mit WCs, Wasseranschluss und Steg, 8 NZD/Erwachsene, 4 NZD/Kinder ab 5 Jahren

19. Cesspool Gorge im Arahura River: Maori-Mythen und Badespaß

Zusammen mit dem milchig-hellblauen Wasser in der fotogenen Hokitika Gorge und dem Tannin-Braun des bildhübschen Lake Kaniere bildet das klare, knallblaue Wasser des Cesspool am Arahura River eine perfekte Dreierkombination.

Die altmodische Hängebrücke über diesen „Sündenpfuhl", ohne Bodenbretter oder festes Geländer, macht einen Gang über den Cesspool zum spannendsten Unternehmen von den dreien. Und die abgelegene Lage – der Cesspool ist nur nach zwei Kilometern Fußmarsch zu erreichen – macht diesen Spot zum coolsten und garantiert touristenfreien.

Der Arahura River lädt zum Badestopp ein

Ein weiterer Bonus: Anders als die tief eingeschnittenen Granitwände der Hokitika Gorge, die einen Zugang zum Fluss fast überall unmöglich machen, lädt der Arahura River viel eher zu einem Badestopp ein. Am Ufer gibt es viele sandige und grasbewachsene Flecken, und auch von den großen Steinen lässt es sich an einem schönen Sommertag herrlich ins kühle, tiefblaue Nass springen.

Wer sich abenteuerlustig fühlt, kann vom Fuß der Hängebrücke aus den Mehrtages-Track Arahura–Styx River in Angriff nehmen; so weit, wie man eben mag. Der Weg führt immer am Flussufer entlang, manchmal muss ein Seitenarm durchwatet werden. Nach etwa zwei Stunden erreicht man die kleine *Lower Arahura Hut* mit sechs Betten.

Abenteuer warten aber auch auf die weniger wanderfreudigen Besucher des Arahura River. Nicht umsonst war dieser Fluss schon bei den Maori bekannt und begehrt. Der Sage nach floh der Gott Ngahue aus Hawaiki mit einem grünen Fisch namens *Poutini*, den er im Flussbett des Arahura River versteckte. So heißt nicht nur die Westcoast für die Maori *Poutini*, die gesamte Südinsel nennen sie *Te Wai Pounamu* – das Land des Jade-Wassers.

Auch wenn man lieber der Wissenschaft glaubt, die Jade als Nephrit bezeichnet, der durch vulkanische Prozesse an Bruchzonen von Erdplatten entsteht: Viele der weißen, runden Steine im flachen Flusswasser bergen ein grün leuchtendes Geheimnis. Sie beinhalten oder sind *pounamu*, *greenstone*, ein enorm festes Gestein, das für die Maori nicht nur praktischen, sondern auch ungeheuer großen spirituellen Wert hat.

Das Flussbett des Arahura River gehört heute offiziell dem Maori-Stamm *Ngai Tahu*. Wer hier Jade suchen und behalten will, der muss im Pub von Arahura eine Lizenz erwerben (die kostet nur ein paar Dollar). Dann ist es erlaubt, jeden Jade-Stein mitzunehmen, den man tragen kann. Ein *Hei-Tiki*, das man selbst geschnitzt hat aus einem selbst gefundenen Jade-Stein, dürfte zum Wertvollsten gehören, was man als Reiseandenken aus Neuseeland mitbringen kann.

Info

Lage: Die Cesspool Gorge im Arahura River liegt etwa 25 Kilometer landeinwärts von Hokitika, östlich des Lake Kaniere; GPS: -42.826308, 171.235349

Anfahrt: Am Nordufer des Lake Kaniere auf Milltown Road (geschottert) abbiegen und durch das Arahura Valley bis zum Arahura River und über die Brücke fahren. Danach durch das Gatter rechts (bitte wieder schließen) und noch etwa 2 Kilometer weiter bis zur Wiese am Flussufer. Früher führte eine Straße weiter direkt bis an die Hängebrücke, heute sind die letzten 2 Kilometer so stark ausgewaschen, dass man mit dem Auto nicht mehr vorankommt.

Öffnungszeiten: immer

Achtung: Die schmale Hängebrücke verträgt nur jeweils eine Person gleichzeitig!

Eintritt: nichts

Der Arahura River ist für die Maori einer der spirituell bedeutsamsten Orte in ganz Neuseeland. Entsprechend respektvoll sollte man sich bei einem Besuch verhalten.

Achtung: Nach Regenfällen kann der Wasserspiegel des Flusses binnen Stunden um mehr als einen Meter steigen.

20. Amethyst Hot Springs: heißes Wasser am Wegrand

Die Amethyst Hot Springs sind die einzigen natürlichen und kostenlosen Thermalquellen auf der Südinsel, die man ohne allzu beschwerlichen Anmarsch erreichen kann. Sie liegen am Ufer eines Flusses, der nach Regenfällen gern über die Ufer tritt, und wie heiß das Wasser ist, das man hier genießen kann, hängt hier von den eigenen Anstrengungen beim Graben ab.

Anders als die Sylvia Flats am Lewis Pass (die durch Erdrutsche Anfang 2017 verschüttet wurden) sind die Amethyst Hot Springs kaum bekannt, weder bei Reisenden noch bei Einheimischen. Das liegt vor allem daran, dass niemand so recht sagen kann, wo diese Thermalquellen gerade zu finden sind: Jeden Winter tritt der Wanganui River über die Ufer und verändert seinen Lauf und seine Erscheinung. Dabei wird auch gern mal die Straße weggespült, über die man die Quellen erreicht.

Bei trockenem Wetter findet man die Amethyst Hot Springs in der Regel unter einer Schicht aus Sand und Kieseln, in die man ein mehr oder weniger tiefes Loch graben muss. Aufsteigender Dampf im Uferbereich ist ein sicheres Indiz: hier graben! Für einen sonnigen Sommertag ist das heiße Wasser dann schon zu heiß, an einem typischeren Westcoast-Tag mit bedecktem Himmel sind die Thermalquellen jedoch genau richtig. Leider finden das auch die *Sandflies*, die hier – wie an so vielen Orten der Westcoast – in Schwärmen des Horrors auftreten. Der einzige Trost: Mit einsetzender Dunkelheit oder bei Regen geben die winzigen Plagegeister Ruhe.

Der Fluss birgt ein heißes Geheimnis

Zugegeben: Die Amethyst Hot Springs werden nicht das Highlight einer Neuseeland-Reise werden. Aber sie liegen nur einen Katzensprung entfernt vom SH 6 und können daher als Abstecher und Picknickpause auf jeder Westcoast-Reise herhalten. Das breite, sandige Flussufer bietet viel Platz zum Herumlaufen, Chillen und/oder Steinewerfen, je nach Bedürfnis und Alter.

Camping am Flussufer ist erlaubt und eine großartige Idee, allerdings wirklich nur bei trockenem Wetter – niemand will nachts aufwachen, weil das Zelt im Fluss zu Tal schwimmt. Das massenhaft herumliegende Treibholz lädt geradezu ein, ein riesiges Strandfeuer anzufachen und drumherum zu tanzen. Nur die mühsam ausgegrabenen heißen Sitzwannen werden am nächsten Morgen wohl wieder verschwunden sein.

Info

Lage: Die Amethyst Hot Springs liegen am Ufer des Wanganui River, etwa 5 Kilometer östlich von Harihari. GPS: -43.163164, 170.628142

Achtung: Neue Quellen können jederzeit entstehen und alte verschwinden!

Anfahrt: Auf dem SH 6 nach Norden fahren, kurz nach Harihari den Wanganui River überqueren und nach der Brücke mit dem Coca-Cola-Schild (etwa 11 Kilometer südlich vom Lake Ianthe) flussaufwärts 1 Kilometer auf der Straße weiterfahren, bis sie rechts von einem privaten Tor am Start des Wanganui Valley Track endet. Der Rest des Weges muss zu Fuß zurückgelegt werden und ist ungefähr 1 Kilometer lang. Vom Start des Wanganui Valley Track direkt zum Fluss weiterlaufen, die Brücke über den Amethyst Stream überqueren und etwa 200 Meter weiterlaufen, bis ein Pfad zum Flussufer abzweigt; nach 100 Metern flussabwärts entlang des Flussbetts ist die Stelle mit den heißen Quellen erreicht.

Öffnungszeiten: immer, am besten im Sommer nach einigen trockenen Tagen. Dann kann man mit Glück auf bereits ausgegrabene Pools stoßen und muss nicht selbst suchen und buddeln.

Eintritt: nichts

*Achtung: Sandfly-*Repellent und eine Schaufel sollten unbedingt mitgebracht werden.

Unterkünfte:
- *Lake Ianthe Matahi DOC Campsite,* Standard-Kategorie, 12 Stellplätze ohne Strom, 15 Kilometer nördlich von Harihari, direkt am Seeufer gegenüber dem Highway, GPS: -43.06020104, 170.63395302, 8 NZD/Erwachsene, 4 NZD/Kinder ab 5 Jahren

21. Robert's Point Track: einzigartige Aussicht auf den Franz Josef Glacier

Es gibt nicht (mehr) viele Möglichkeiten, um ohne Helikopter oder mehrtägige Wanderung die Aussicht auf einen der großen Gletscher an Neuseelands Westcoast zu genießen. Die Wanderung zum Robert's Point ist eine Schinderei, aber sie lohnt sich genau wegen dieses unvergleichlichen Ausblicks.

Mahnmal des Klimawandels: der Franz Josef Glacier zieht sich zurück

Die Hende's Gallery ist ein bautechnisches Meisterwerk

Es ist eine wirklich anstrengende Wanderung, die stetig bergan durch das Flusstal des Waiho River führt; inklusive Kraxeln über Steine, Überqueren wackeliger Hängebrücken und sogar gelegentliches Hinaufziehen an Hängewurzeln der dicht wachsenden *Rata*-Bäume. Aber die Mühe lohnt sich.

Nach zehn Minuten ist die erste von zahlreichen schwindelnd hohen und schmalen Brücken erreicht, nach weiteren 20 Minuten geht es über eine Reihe von Stufen hinab auf den Grund des Flusstals. Dann geht es wieder bergauf – und zwar steil. Eine Pause bekommen die ächzenden Beine an der originalgetreu erhaltenen winzigen *Hende's Hut*, an deren Wellblechwänden man noch Inschriften aus dem Jahr 1913 entdecken kann. Ursprünglich diente die Hütte als Schmiede, um direkt vor Ort benötigte Eisenbolzen und Stangen anzufertigen.

Wozu sie benötigt wurden, sieht man hinter der Hütte. Hier hängt eine einzigartige Konstruktion, die man auf der Südinsel kein zweites Mal sehen kann: Die *Hende's Gallery* ist ein 50 Meter langer, an der senkrechten Felswand verankerter Holzbohlenpfad, der (vergleichbar mit dem spanischen Caminito del Rey) hoch über dem Tal frei schwebt – wahrlich nichts für Höhenängstliche! Der erste Versuch, einen solchen Weg anzulegen, wurde schon zwei Jahre nach dem Bau zerstört, als der Gletscher sich überraschend nah an die Felswand herangeschoben hatte.

Noch vor 100 Jahren konnte man von der *Hende's Gallery* direkt auf das Schneefeld des Gletschers hinabspringen und quer über das Eis zur *Defiance Hut* hinüberlaufen. Heute sieht man den Gletschermund von hier aus nur von Weitem: Der Franz Josef Glacier endet jetzt zwei Kilometer weiter oben.

Dann müssen die armen Oberschenkel wieder liefern: Eine weitere Stunde braucht man mindestens, um stetig bergan bis zum Robert's Point zu gelangen. Zwischendurch geht es immer wieder über Hängebrücken und mitten durch kleinere Wasserläufe, was immerhin die glühenden Beine ein wenig abkühlt.

Das Ziel ist ein Felsen, der etwa 400 Meter über dem Talboden aufragt, direkt gegenüber eines 800 Meter hohen Wasserfalls, der sich in mehreren Kaskaden bis hinunter (!) auf das Eisfeld des Franz Josef Glacier ergießt. Die erschöpften Wanderer können sich an einen Picknicktisch setzen und direkt auf die Eisfläche des Gletschers blicken – eine Aussicht, die man sonst nur noch aus dem Hubschrauber bekommt.

Der Weg führt über schwindelerregende Brücken

Eine noch bessere Sicht hat man, wenn man hinter der Picknickbank ein Stück nach unten und rechts steigt. Dort gelangt man auf eine offene Felsenfläche, die einen grandiosen Blick hinab in das Gletschertal eröffnet, bis zum Lake Mapourika und auf die endlose Tasman Sea.

Das Allerbeste an diesem Weg (der nun leider, leider umgekehrt wieder zurückgegangen werden muss) ist jedoch, dass man hier fast immer allein unterwegs ist. Menschen sieht man fast nur in Ameisengröße, wie sie tief unten auf dem Eis des Gletschers laufen.

Info

Lage: Robert's Point liegt im Tal des Waiho River, nördlich der Siedlung Franz Josef/Waiau. GPS: -43.412873, 170.176175

Anfahrt: Die Franz Josef Glacier Valley Road hinauffahren bis zum *Glacier Carpark*, oder besser: etwa 1 Kilometer vorher am Start des Lake Wombat Track *(Alex Knob Carpark)* parken. Auf der gegenüberliegenden Seite beginnt ein Pfad, der zum Startpunkt des Robert's Point Track führt. Der Track ist gut ausgeschildert und verläuft ohne Abzweigungen.

Öffnungszeiten: immer
Der Track ist vom Start bis zum Ende 6 Kilometer lang, wobei mehr als 600 Höhenmeter bewältigt werden. Dieselbe Strecke muss zurückgelaufen werden. Als Laufzeit werden jeweils etwa 2,5 Stunden angegeben.

Achtung: Der Track bietet an keiner Stelle Zugang auf den Gletscher selbst. Auch der Waiho River sollte auf keinen Fall auf eigene Faust überquert werden.
2014 war der Track durch eine Überschwemmung zerstört worden, inzwischen ist er wieder eröffnet.

Eintritt: nichts

Achtung: Bei schönem Wetter ist der Track anstrengend, aber für jeden machbar. Bei schlechtem Wetter sollte man sich den Aufstieg zweimal überlegen, vor allem wenn man kein trainierter Wandersportler ist.

Unterkünfte: Die *Hende's Hut* ist nicht für Übernachtungen ausgelegt.

Eastcoast und Canterbury

Die Kaikoura Ranges ragen hoch über der Ostküste der Südinsel auf

Tasmanische
See

22. Molesworth Station ●

● 23. Lake Tennyson

Bonus ● Kaikoura

● 26. Devil's Punchbowl Falls

● 24. Maori-Felsenzeichnungen

Pazifischer
Ozean

● 25. Cave Stream

29. Antarctic Centre ●

Christchurch
● 27. Godley Head

28. Quail Island ●

22. Backroad-Abenteuer: Molesworth Station

Nicht jeder Miet-Campervan dürfte für dieses Abenteuer in Frage kommen, denn viele Vermieter schließen das Befahren dieser Route im Kleingedruckten ihrer Verträge aus. Umso exklusiver ist dieser Roadtrip, der auf geschotterten Straßen durch das raue, atemberaubend schöne Hinterland von Kaikoura führt – Cowboys inklusive!

Ziel der Fahrt – die eigentlich kein Ziel hat, außer dem Fahrspaß auf einer der höchsten Straßen Neuseelands und den unschlagbaren *scenic views* – ist die Molesworth Station. Mit 180.000 Hektar und 10.000 Tieren die größte Rinderzucht-Farm ganz Neuseelands, liegt sie etwa auf halber Strecke zwischen Blenheim an der Nordostküste und Hanmer Springs.

Der Roadtrip aller Roadtrips ist eigentlich 180 Kilometer lang. Nach dem Erdbeben vom November 2016 wurde allerdings die Zufahrt zur Molesworth Station von Blenheim aus gesperrt. Derzeit ist nur der etwa 80 Kilometer lange Teil der Strecke von Hanmer Springs bis zur Station befahrbar. Aber auch dieser Teil der Fahrt lohnt sich – wenn man Lust auf wirklich grandiose Landschaftspanoramen hat, und wegen denen ist man doch nach Neuseeland gereist?!

Immer wieder wird man auf dieser Strecke staunend aus den Fenstern schauen und für einen „ganz kurzen" Fotostopp am Straßenrand halten. Immer wieder neue Berge türmen sich auf, unwirklich anmutende, wie Spaghetti verzweigte Flusstäler durchziehen kilometerbreite, brettflache Täler. Hier oben zeigt sich Neuseelands Südinsel sehr karg, rau und gar nicht idyllisch, dafür *scenic* im wahrsten Sinne des Wortes mit kilometerweitem Blick über schroffe, kaum bewaldete Hänge und Gipfel.

Dazwischen hingetupft liegen vereinzelte Grasbüschel und Sträucher – oder halt, sind das nicht Schafe und Rinder? Seit 150 Jahren wird hier oben Vieh gehalten, einstmals grasten hier 95.000 Schafe. Im Jahr 1938, als die Besitzer der Station aufgaben, übernahm der Staat den Betrieb. Das DOC, das heute die Farm verwaltet, führte strenge Umweltschutzauflagen ein, um die starke Erosion des Geländes durch Überweidung, Brandrodung und eine Kaninchenplage zu stoppen.

Der Farmbetrieb findet heute teils hochmodern mithilfe von Helikoptern und Kleinflugzeugen statt, vieles erledigen aber ganz klassisch die

„harten Männer": Neuseeländische Cowboys reiten auf Pferden durch das unwegsame Gelände und treiben Schafe und Rinder, unterstützt von Hütehunden, auf die nächste Weide oder zurück zur Station.

Das eigentliche Areal der Molesworth Station erreicht man 26 Kilometer nach dem Start in Hanmer Springs. Das historische Molesworth Cob Cottage, 1866 von Farmer John Murphy errichtet, in dem bis heute die Betreiber der Station leben, ist für Besucher nicht zugänglich.

Für die 60 Kilometer Fahrt über die gigantische Hochtalebene der Isolated Flat, auf der mehrere Flussarme überquert werden, sollte man gute zwei Stunden einplanen. Länger dauert es, wenn unterwegs am Wards Pass auf 1145 Metern plötzlich Schnee fällt oder man eine Rinderherde passieren lassen muss. Unvorstellbar: Alles, was man hier oben sieht, gehört zum Gelände der Farm!

Das kleine Acheron House mit seinem Grasdach auf der anderen Seite der Isolated Flat ist das älteste Gebäude der Molesworth Station und bietet einige interessante Info-Tafeln mit historischen Fotos und Erklärungen über die Geschichte der Gegend, frühere Besitzer und die alten Maori-Pfade. Ebenso wie am Cob Cottage gibt es hier die Gelegenheit zum Übernachten auf einer kleinen DOC Campsite. Bis 1932 war das Haus selbst eine Herberge für durchziehende Reisende, die damals noch hoch zu Ross

Das Gelände der Molesworth Station ist wahrlich riesig

oder per Kutsche kamen. Und genau wie vor fast 100 Jahren genießt man heute hier nachts einen so gigantischen Sternenhimmel, dass man eigentlich gar nicht zum Schlafen kommt.

Info

Lage: Die Molesworth Station liegt im Bergland nördlich der Inland Kaikoura Range, etwa 80 Kilometer nordöstlich von Hanmer Springs.

Anfahrt: Von Hanmer Springs fährt man über Jack's Pass nach Norden und biegt dann am Clarence River rechts ab, bis man nach etwa 26 Kilometern die Acheron Road und das Acheron Accommodation House erreicht. Von hier geht es weiter am Flusslauf des Awatere River entlang nach Norden, über den Wards Pass und vorbei am Cob Cottage, bis man nach 100 Kilometern schließlich südlich von Blenheim wieder auf den SH 1 und die Zivilisation trifft. Die gesamte Strecke ist etwa 200 Kilometer lang.

Öffnungszeiten: Die Straße über das Gelände der Molesworth Station ist nur zwischen 7 und 19 Uhr und nur im Sommer, zwischen Ende Oktober und Ostern geöffnet. Auch während dieser Zeit kann sie jederzeit wegen Wetterumschwüngen, Viehtrieb oder aus anderen Gründen geschlossen werden. Campervans über 7 Meter Länge und Fahrzeuge mit Anhängern dürfen sie generell nicht befahren!

Achtung: Auf der gesamten Straßenlänge gibt es keine Möglichkeit zum Tanken. Die Höchstgeschwindigkeit auf dem Gelände der Station liegt bei 50 km/h.

Eintritt: nichts

Aktivitäten: Von der Straße zweigen eine Reihe von Nebenstraßen und kürzeren Wanderwegen ab, die in der sehr detaillierten DOC-Broschüre zur Molesworth Station verzeichnet sind. Bitte nicht von den markierten Straßen und Wegen abweichen, auch wenn der brettflache Untergrund dazu verlockt!

Unterkünfte:

- *Molesworth Cob Cottage DOC Campsite*, Standard-Kategorie, 20 Stellplätze ohne Strom, mit Toiletten und Wasser, 8 NZD/Erwachsene, 4 NZD/Kinder ab 5 Jahren, GPS: -42.08511648, 173.27020624
- *Acheron Accommodation House DOC Campsite*, Standard-Kategorie, 20 Stellplätze ohne Strom, mit Toiletten und Wasser, 8 NZD/Erwachsene, 4 NZD/Kinder ab 5 Jahren, GPS: -42.3954858, 172.9563806

23. Lake Tennyson: die sprichwörtliche Idylle

Ein einsamer, saphirblauer Bergsee, ein Campervan, ein Lagerfeuer – und sonst nichts außer der grandiosen Natur und dem Sternenhimmel. Davon träumt jeder Neuseeland-Reisende, und am Lake Tennyson geht dieser Traum in Erfüllung.

Einsame Bergseen haben nicht nur in Neuseeland die unbequeme Eigenschaft, dass sie schwer erreichbar sind. Und führt doch einmal eine Straße bis an ein Seeufer, dann nutzen diesen Service unweigerlich zahlreiche andere Menschen, die ebenfalls an freier, gut zugänglicher Natur interessiert sind.

Nicht so am Lake Tennyson. Dieser See mit seinem unvergleichlich knallblauen Wasser liegt so abgelegen von der Hauptroute, dass fast niemand hier sein wird, wenn man die 32 Kilometer Fahrt von Hanmer Springs auf einer furchtbar holperigen Straße überstanden hat. Einen Vierradantrieb braucht man gerade eben so noch nicht, aber viel Geduld und gut festgezurrtes Geschirr. Es geht stetig bergauf am Ufer des Clarence River entlang, bis man dessen Ursprung erreicht.

Die Belohnung? Ein Panorama wie aus dem schönsten Reisekatalog. Lake Tennyson, aus dem der Clarence River abfließt, liegt still zwischen den schneebedeckten, bis zu 2300 Meter hohen Bergspitzen der Southern Alps, ohne Ferienhäuser oder Bootsanleger, die den Eindruck von unbe-

Schon die Anfahrt zum Lake Tennyson ist eine Augenweide

Der höchste Punkt, den man in Neuseeland mit dem Auto befahren kann

rührter Natur schmälern. Allenfalls der kleine Unterstand für den sehr einfachen DOC-Zeltplatz am Seeufer könnte stören.

Viel zu tun ist hier oben nicht, aber das macht niemandem etwas aus: einfach staunen, den Blick schweifen lassen, die Stille genießen – und hoffen, dass man genug Vorräte mitgebracht hat, um hier so lange wie möglich bleiben zu können.

Die Weiterfahrt vom See in Richtung St Arnaud, wo die Rainbow Road wieder auf die Zivilisation in Form des SH 63 trifft, wird nur für Fahrzeuge mit Vierradantrieb empfohlen und führt über das Privatgelände der Rainbow Station – hier darf man nur mit einer Erlaubnis passieren.

Die ersten zehn Kilometer vom See aus kann man aber mit einem zuverlässigen Fahrzeug durchaus in Angriff nehmen: Die Straße führt bis hinauf auf den 1347 Meter hohen Island Saddle und ist damit die höchste öffentlich befahrbare Straße Neuseelands. Hier oben steht man genau auf der Distrikt-Grenze zwischen Marlborough und Canterbury und blickt auf die Wasserscheide von Clarence und Wairau River. Die Unterschiede in der Vegetation sind deutlich zu sehen.

Info

Lage: Lake Tennyson liegt auf dem Gelände der Molesworth Station (siehe Seite 87), 32 Kilometer nördlich von Hanmer Springs. GPS: -42.211514, 172.739837

Anfahrt: Von Hanmer Springs auf der Clarence Valley Road über Jack's Pass bis zum Clarence River fahren, dort links auf die Tophouse Road abbiegen (zur Molesworth Station geht es nach rechts), die zur Wairau–Hanmer Springs Hydro Road wird (aka Rainbow Road) und auf der geschotterten Straße 32 Kilometer bis zur links ausgeschilderten Abzweig zum See fahren. Für diese Strecke braucht man mindestens 45 Minuten, ungeübte/vorsichtige Fahrer bis zu 1,5 Stunden.

Eine weitere Zufahrtsmöglichkeit von St Arnaud nach Süden über die Rainbow Road führt über das Privatgelände der Rainbow Station. Diese Straße ist nur für Vierradantriebe zugelassen, nur vom 26. Dezember bis zum Ostermontag und nur zwischen 7 und 18 Uhr geöffnet und gebührenpflichtig (25 NZD/Fahrzeug).

Achtung: Fahrzeuge mit normalem Antrieb können die Rainbow Road benutzen, nicht jedoch Campervans von mehr als 7 Meter Länge oder mit angehängten Caravans.

Öffnungszeiten: immer; im Winter kann es wegen Schneefall oder starken Regenfällen zu Straßensperrungen kommen.

Wer zum Lake Tennyson hinauffährt, muss *self sufficient* sein: vollgetankt, mit Ersatzreifen und Verpflegung. Auf großen Teilen der Strecke und am See selbst gibt es keinen Handy-Empfang.

Eintritt: nichts

Unterkünfte:

- *Lake Tennyson DOC Campsite*, Basic-Kategorie, 10 Stellplätze ohne Strom, mit kleinem Unterstand und Toilette, Wasser kann aus dem See genommen werden, kostenlos

Achtung: Entgegen dem verführerischen Einführungstext dürfen an der DOC Campsite leider keine Lagerfeuer angezündet werden.

24. Maori-Felsenzeichnungen: Neuseelands Frühgeschichte

Kann man sie als prähistorisch bezeichnen? Wahrscheinlich nicht. Die Felszeichnungen und Reliefs, die von den ersten Bewohnern Neuseelands stammen sollen, wurden nach Erkenntnissen der Wissenschaft bereits im 16. Jahrhundert geschaffen. Für Neuseeland ist das wahrlich uralte Kulturgeschichte, und interessant allemal!

Überreste von *Maori Rock Art* kann man an vielen Orten auf der Südinsel Neuseelands bewundern. Die reichhaltigsten Fundstellen sind mehrere Kalksteinfelsen im südlichen Canterbury und im nördlichen Otago. Allein im Umkreis von Timaru gibt es angeblich mehr als 300 Felszeichnungen zu finden, in der Nähe des Örtchens Duntroon bei Oamaru findet man außerdem mehrere in den weichen Kalkstein eingeritzte Spiralen.

Leider hat die wissenschaftliche Kartografierung und Erforschung nicht mit der Neugier und Kreativität der neuzeitlichen Anwohner Schritt gehalten. Mehrere Felszeichnungen sind von wohlmeinenden Hobby-For-

Die Takiroa Rock Art Site liegt bei Duntroon

Maori Rock Art, nachgezeichnet

schern nachgemalt worden, andere wurden mit neueren Schmierereien überdeckt oder sind durch Erosion und Pflanzenwuchs inzwischen nicht mehr gut zu erkennen.

Eine gut zugängliche Fundstelle von *Maori Rock Art* findet sich im Frenchman's Gully, etwa eine halbe Stunde von Timaru entfernt. Sie stellen geheimnisvolle Figuren dar, wie etwa den *Birdman*: Eine menschliche Figur trägt fünf Vögel auf ihren ausgestreckten Armen. Daneben erkennt man Insekten, Kriegskanus (*wakas*) und auch gruselige Monster, die stark an Dinosaurier erinnern – was Erich von Däniken wohl dazu sagen würde? Auf Infotafeln kann man etwas über die Geschichte der Felszeichnungen lernen, es gibt einen Picknick-Unterstand und eine Toilette.

Eine weitere Fundstelle liegt am Weka Pass, nahe der Ortschaft Waikari. Der Weg folgt zuerst für etwa 700 Meter dem nicht mehr genutzten Gleisbett, bevor er links abbiegt und auf den Hügel hinauf führt, entlang einer Reihe von Zaunpfählen. Nach etwa einer halben Stunde stetigen Steigens hat man die Hügelkuppe erreicht und genießt das weite Panorama der Southern Alps, während man wieder zu Atem kommt. Für eine weitere

Viertelstunde steigt man nun auf der anderen Seite des Hügels wieder hinab zu dem langen Felsen, der im Tal liegt.

Den langgestreckten Felsüberhang, der von einem Maschendrahtzaun vor Beschädigungen geschützt wird, sieht man schon von Weitem. Schon 1876 fand man hier die Reste von steinernen Werkzeugen und einem Lager, was Historiker vermuten lässt, dass Maori schon vor 1000 Jahren diesen Überhang als Raststelle während der Jagd nutzten. Erlegten und verzehrten sie an dieser Stelle auch den bis zu vier Meter hohen Moa? Die Zeichnungen lassen es vermuten.

Eine dritte, ebenfalls gut erreichbare *Rock Art Site* liegt in der Nähe des Örtchens Duntroon, wo man auf dem Vanished World Trail (siehe Seite 126) sowieso vorbeischauen sollte. Unter einem Felsüberhang haben sich hier mehrere großformatige Zeichnungen gut erhalten, Hinweistafeln geben Hilfestellung bei der Interpretation der Gemälde.

Im *Te Ana Rock Art Centre* gibt es fachkundige Erläuterungen

Info

Lage: Die Felszeichnungen am Weka Pass findet man etwa 40 Minuten Fahrt nördlich von Christchurch, nahe dem Ort Waikari.

Die Felszeichnungen im Frenchman's Gully liegen etwa 22 Kilometer landeinwärts von Pareora, das etwa 10 Minuten Fahrt südlich von Timaru am SH 1 liegt. Die *Rock Art Site* in Takiroa liegt 3,5 Kilometer nordwestlich von Duntroon am SH 83.

Anfahrt: Waikari liegt am SH 7, 14 Kilometer nördlich von Waipara. Parken kann man neben dem *Star and Garter*-Pub und der Tankstelle. Der Weg zu den Felszeichnungen ist ausgeschildert. Zu den Felszeichnungen und wieder zurück braucht man etwa 1,5 Stunden.

Frenchman's Gully erreicht man, indem man in Pareora vom SH 1 landeinwärts auf die Pareora River Road einbiegt, nach 12 Kilometern links auf die Craigmore Valley Road und nach weiteren 2,5 Kilometern noch einmal links auf die Frenchman's Gully Road fährt. Der Pfad zu den Felszeichnungen beginnt nach etwa 1,5 Kilometern links von der Straße. Die *Rock Art Site* in Takiroa liegt direkt am SH 83 und ist ausgeschildert.

Öffnungszeiten: immer

Eintritt: nichts

Aktivitäten: Geführte Touren bietet *Te Ana* an, das Informationszentrum des Maori-Stamms der Ngai Tahu Whanui in Timaru, George Street 2 (*Landing Services Building*), geöffnet täglich von 10 bis 15 Uhr, Museumsführung: 22 NZD/Erwachsene, 11 NZD/Kinder (Dauer 1 Stunde), Geländeführung zur *Opihi Rock Art Site*: von November bis April täglich 14 Uhr, 130 NZD/Erwachsene, 55 NZD/Kinder (Dauer 3 Stunden) – alle Einnahmen werden für die Erhaltung der Maori Rock Art verwendet, Kontakt: Tel.: +64 3 684 9141, www.teana.co.nz

Die historische Weka-Pass-Eisenbahn ist der Überrest einer Verbindung von Christchurch nach Norden, die zuerst über Waiau führte, dann aber an die Küste verlegt wurde. Als der SH 7 erneuert wurde, entfernte man den Gleisübergang, weshalb die Bahngleise heute in Waikari enden. Von hier verkehrt heute die *Weka Pass Railway* auf einer 13 Kilometer langen Strecke durch die Weka Gorge bis nach Waipara.

25. Cave Stream: Höhlenabenteuer mit nassen Füßen

Ein richtiges Abenteuer erwartet Besucher der kaum ausgeschilderten Höhle, durch die der Cave Stream fließt, und die meisten kommen recht unvorbereitet hierher. Ausgerüstet mit warmer Kleidung, einer starken Taschenlampe, Gummistiefeln oder besser noch, einer Wathose, ist der Spaziergang durch den Cave Stream ein großer Spaß für Jung und Alt.

Wie im Schlund eines Wals kommt man sich vor, wenn man durch die mitunter kreisrunde, dann wieder wie ein Schlüsselloch geformte, fast 600 Meter lange Tunnelwölbung der namenlosen Höhle watet, die sich 50 Kilometer östlich von Arthur's Pass durch den Felsen windet. Was auf

Fotos (Blitzlicht nicht vergessen!) spektakulär wirkt, ist ein erstaunlich harmloser Spaß für Jung und Alt.

Wer allerdings unter eine gewissen Mindestgröße fällt, der bekommt im ersten Abschnitt des Durchgangs gravierende Probleme: Das eiskalte Wasser des Cave Stream steigt dann von der üblichen Knietiefe bis auf Hüfthöhe. Brr!

Gut beraten ist, wer eine Stirnlampe mitbringt oder seine Taschenlampe wenigstens um den Hals hängen kann. Denn hin und wieder brauchen die Höhlenforscher im Cave Stream beide Hände, um sich beim Waten im finsteren Bach zu sichern, kleinere Wasserfälle zu erklimmen oder um die Leitern zu erklimmen, die neben einem Wasserfall aus dem Höhlendunkel wieder herausführen.

Die Berge rund um das Castle Hill Basin

Wie der Schlund eines Wals ...

Der Höhlenausgang am Cave Stream

Die Taschenlampe ist nicht nur aus Sicherheitsgründen Pflicht, denn in der Höhle ist es wirklich stockfinster. Man kann mit ihrer Hilfe auch interessante Höhlenbewohner entdecken, wie zum Beispiel die seltene Spinnenart *Cave Harvestman*, die bisher nur in dieser und einer weiteren Höhle an der Westcoast entdeckt wurde.

Theoretisch lässt sich die Höhle in beide Richtungen durchqueren, es gibt keine „Einbahnstraßen"-Abschnitte. Trotzdem ist es empfehlenswert, stromaufwärts zu laufen, also vom Besucherparkplatz aus den Eingang weiter unten am Hügel zu wählen. Es klettert sich nämlich besser die Leitern am Ende hinauf statt hinab, und auch das letzte Stück, auf dem man sich an einer Kette entlanghangeln muss, funktioniert so besser.

Man läuft dazu erst hinunter zum Broken River und an dessen Flussbett entlang bis dorthin, wo der Cave Stream aus der Höhle kommt und sich mit dem größeren Fluss vereinigt. Die Landschaft rings um die Höhle ist mit ihren schroffen, ungewöhnlich geformten und je nach Lichteinfall verschiedenfarbigen Karstfelsen so schön, dass auch Angsthasen, die draußen warten wollen, auf ihre Kosten kommen.

Info

Lage: Cave Stream liegt im Castle Hill Basin zwischen den Gebirgszügen der Torlesse und Craigieburn Mountains am SH 73, ziemlich genau zwischen Hokitika an der Westcoast und Christchurch an der Ostküste der Südinsel. GPS: -43.196255, 171.741717

Für den knapp 600 Meter langen Weg durch die Höhle wird etwa eine Stunde veranschlagt.

7 Kilometer weiter südlich am Highway liegt das Gebiet der Castle Hills (ausgeschildert als *Kura Tawhiti / Castle Hill Carpark*); ein Eldorado für Boulder-Freunde und Fans des Films *Narnia*, der hier teilweise gedreht wurde.

Anfahrt: Cave Stream liegt etwa 50 Kilometer östlich von Arthur's Pass bzw. 14 Kilometer südlich von Lake Pearson, direkt am SH 73, dort wo der Highway zwischen der *Broken River*-Brücke und dem Eingang zum Craigieburn Forest Park eine enge Kurve macht.

Öffnungszeiten: immer

Vorsicht: Nach Regenfällen sollte man große Vorsicht walten lassen, wie das Hinweisschild des DOC am Höhleneingang ausdrücklich warnt. Der seichte Cave Stream kann dann zu überraschenden Ausmaßen anschwellen. Im Winter und Frühling ist das Wasser eisig kalt, die reale Gefahr von Unterkühlung besteht dann.

Achtung: Der Cave Stream Walk wird zwar vom DOC in die einfachste Kategorie eingestuft, er ist jedoch ganz eindeutig nicht für jüngere Kinder geeignet!

Eintritt: nichts

Die Höhle ist stockfinster, nass und uneben. Mitzubringen sind daher unbedingt eine gute, fixierbare Taschenlampe pro Person, feste Schuhe und warme Kleidung. Wechselhosen für nachher sind eine super Idee.

Unterkünfte:
- *Craigieburn Shelter* im gleichnamigen Forest Park, DOC-Campsite der Standard-Kategorie, 20 Stellplätze ohne Strom, Zufahrt geschottert, Zugang im Winter mitunter geschlossen, 8 NZD/ Erwachsene, 4 NZD/Kinder ab 5 Jahren, etwa 5 Kilometer nördlich vom Cave Stream Reserve am SH 73, GPS: -43.15113539, 171.73091124

26. Devil's Punchbowl Falls: Highlight am Arthur's Pass

Der vielleicht eindrucksvollste Wasserfall auf der gesamten Südinsel – wenn man nicht größere Anstrengungen auf sich nehmen und den Milford Track wandern oder in einen Helikopter steigen will – wartet ganz bequem am Wegrand auf alle Reisenden, die am Arthur's Pass entlangfahren. Eine Gelegenheit, die man nicht verpassen sollte!

Eindrucksvoll und wunderschön: die Devil's Punchbowl Falls

Man kann ihn schon vom Highway aus sehen. Hoch über dem kleinen Örtchen Arthur's Pass Village schießt das Wasser des Devil's Punchbowl Creek aus einem schmalen Einschnitt in der steilen Felsenkante über dem Tal des Bealey River heraus und fällt auf unglaublichen 131 Metern in einem donnernden, auf der gesamten Höhe frei fallenden Strahl zu Tal.

Das Bewundern des immerfort zu Boden rauschenden Wassers, das bei guter Windrichtung zu einem glitzernden Schleier aus Wasserfahnen wird, erleichtert die strategisch platzierte Besucherplattform. In der Hauptsaison ist diese rege besucht. Aber das macht nichts, es gibt noch eine Reihe weiterer Aussichtspunkte. Ohnehin wird man hier, in unmittelbarer Nähe zum Wasser, die ganze Zeit von leichtem Sprühnebel eingenässt.

Wagemutige Wasserfall-Fans können von der Besucherplattform aus über Stock und Stein noch etwas weiter nach oben, bis zum Fuß des Wasser-falls steigen – als ob der steile Anmarsch über Treppen und Leitern vom Parkplatz nicht anstrengend genug gewesen wäre.

Das von den Fallwinden des Wasserfalls aufgepeitschte Auffangbecken, die namensgebende „Punsch-Schale", ist beeindruckend, notorische Ent-decker können hier gern ein Bad wagen. Dann bekommen sie vielleicht eine Idee, warum dieser Wasserfall nach dem Teufel benannt ist – das Wasser ist auf jeden Fall höllisch kalt!

Info

Lage: Die Devils Punchbowl Falls liegen 500 Meter außerhalb des Örtchens Arthur's Pass, im Zentrum der Südinsel etwa 2 Stunden Fahrt von Christchurch.

Anfahrt: In Arthur's Pass entweder vom Visitor Centre aus starten oder vom SH 73 auf die Punchbowl Road abbiegen und ein kurzes Stück bis zu dem großen, ausgeschilderten Besucherparkplatz fah-ren. Hier gibt es Toiletten und Picknickplätze.

Der Weg von hier zur Aussichtsplattform dauert etwa 30 Minuten; es geht stetig bergauf und über Treppen, der Weg ist also nicht Buggy-tauglich.

Öffnungszeiten: immer

Eintritt: nichts

Aktivitäten: Ganz in der Nähe liegen noch weitere schöne Wasser-fälle, etwa die nachts beleuchteten, 80 Meter hohen Avalanche Creek Falls, die man direkt vom Wanderweg zu den Devils Punchbowl Falls sieht, oder die 115 Meter hohen Twin Creek Falls, die man auf dem Temple Basin Track erreicht. Vom SH 73 aus ist dieser Wasserfall gut zu sehen, es gibt aber keine Haltemöglichkeit an dieser Stelle!

Im Winter ist ein Ausflug zu den Devils Punchbowl Falls ebenfalls sehr zu empfehlen; vielleicht als Abstecher von einem Skiausflug zum benachbarten *Temple Basin Skifield*?

27. Rund um Christchurch: von Taylor's Mistake zum Godley Head / Awaroa

Auf einer spektakulären Klippe hoch über dem Pazifik stehen, in den Sonnenaufgang blicken und sich den Wind durchs Haar wehen lassen – und das beruhigende Gefühl einer militärischen Verteidigungsanlage im Rücken spüren …

Dass an ihrem Ende der Welt tatsächlich einmal eine Geschützstellung gegen die Deutschen und ihre Verbündeten notwendig sein könnte, glaubten im Zweiten Weltkrieg wohl nur die Neuseeländer. Angreifer kamen jedenfalls niemals vorbei. Der Name der kleinen Bucht, die von hier oben überblickt wird, hat jedoch nichts mit der zumindest diskutablen Entscheidung zu tun, einen Bunker und Unterkünfte für mehrere hundert Soldaten und Offiziere in den Hügel zu graben. Wer Taylor war und welchen Fehler er gemacht hat, darüber streiten Lokalhistoriker schon lange.

Fest steht nur, dass die Wanderung über die grasbewachsene, offene Landschaft der Godley Headlands vom Strand der Taylor's Mistake Bay aus wunderschöne Eindrücke der Küste östlich von Christchurch bietet. Allen, denen die Stadt zu langweilig oder zu städtisch ist (bitte nicht la-

Blick auf die kleine Bucht von Taylor's Mistake und die Vororte von Christchurch

chen, liebe Europäer!), bietet der kurze Ausflug zum Godley Head eine willkommene Abwechslung und die Gelegenheit, sich den Kopf mal richtig freipusten zu lassen.

Besucher genießen hier atemberaubende Rundumblicke hinab auf Christchurch, den Lyttelton Harbour und die Pegasus Bay im Osten und Süden, auf die Taylor's Mistake Bay im Norden und auf die im Hintergrund aufragenden schneebedeckten Gipfel der Kaikoura Ranges. Mit etwas Glück erblickt man auch Schulen von Delfinen und Gruppen vorbeiziehender Wale; aus 120 Metern Höhe ist dafür allerdings ein Fernglas zu empfehlen.

Wer nicht mit dem Auto die 20 Kilometer aus Christchurch bis hinauf auf die Klippen am Godley Head fahren will, der kann in der Nähe des Vororts Sumner zu Fuß starten. Am Strand der Taylor's Mistake Bay passiert man zunächst einige typisch neuseeländische *baches*, die hier schon Ende des 19. Jahrhunderts von Anwohnern errichtet wurden und seitdem zäh gegen Abrissversuche verteidigt werden. Einige dieser Hütten wurden in natürliche Höhlen hineingebaut, ursprünglich von Fischern, bald jedoch auch von illustren Figuren wie dem Maler Tom Archbold oder dem „Pilger" A.P. Osborn, der den örtlichen Rettungsschwimmer-Club ins Leben

rief. Diese Höhlen reichen bis zu 19 Meter in den Felsen hinein und waren wie normale Wohnungen eingerichtet.

Der erste Teil des Weges heißt Pilgrim's Way und wurde mehr als 20 Jahre lang von eben dem A.P. Osborn instandgehalten, der offenbar sehr viel Besuch bekam. Vorbei an der nächsten kleinen Bucht, der Boulder Bay, führt der Weg sanft ansteigend an der immer steileren Küste entlang, wobei man auch den Brighton Pier sieht. Nach einer knappen Stunde wird es noch einmal etwas steiler, bis der Parkplatz am Ende der Summit Road erreicht ist.

Dies ist auch schon die Endstation des Weges: die alte Militäranlage am Godley Head. Wer noch nicht genug hat, der kann einen 30-minütigen Rundweg bis ganz vor an die Spitze der Steilküste anschließen, wo die Überreste einiger Bunker im Gras zu sehen sind.

Zurück nach Christchurch bzw. nach Taylor's Mistake geht es etwa 50 Minuten auf einem markierten Pfad hoch über die Breeze Bay, immer am Rand des Lyttelton Harbour entlang, bis der Pfad wieder hinunter zum Anaconda Track und zurück nach Taylor's Mistake führt.

Aber wer will schon zurücklaufen, wenn man hier oben übernachten kann? Das DOC hat direkt auf dem Gelände der historischen Militäranlage, an der vordersten Spitze der Steilküste, kürzlich einen Campingplatz eröffnet. Spektakulär!

Hier oben wurde Neuseeland im Zweiten Weltkrieg verteidigt

Info

Lage: Der Weg von Taylor's Mistake zum Godley Head liegt im Osten von Christchurch, nahe dem Vorort Sumner, und führt um die Bucht von Lyttelton herum. GPS für Godley Head: -43.5885043, 172.8044701

Anfahrt: Aus Christchurch sind es etwa 30 Minuten Fahrt zur Taylor's Mistake Bay. Von Sumner fährt man am Strand vorbei und biegt in der Ortsmitte links auf die Naylands Road ab. Diese führt über den Hügel und dann steil bergauf und wieder bergab zur Taylor's Mistake Bay. Am Strand ist ein Parkplatz mit Toiletten.

Der Weg hinauf zum Godley Head führt von Sumner aus auf der Evans Pass Road nach Süden, dann scharf links abbiegen auf die Godley Head Road. Bis zum Ende der Straße sind es etwa 6 Kilometer nach Osten. Diese Fahrt dauert etwa 50 Minuten.

Achtung: Diese Straße ist schmal und sehr kurvig, außerdem fahren hier viele Radfahrer.

Öffnungszeiten: immer

Info: Das Erdbeben von 2011 beschädigte die Militäranlagen zwar nur wenig, der Tunnel Track, der über das Gelände und unter die Erde zu den Magazinen führt, ist aber seitdem geschlossen.

Eintritt: nichts

Achtung: Sowohl am Taylor's Mistake als auch an der Summit Road stehen Infotafeln mit dem Verlauf des rotmarkierten Weges. Manchmal kreuzt ein Mountainbike-Track, aber die generelle Richtung bergauf (hin) oder bergab (zurück) ist recht einfach zu halten.

Aktivitäten: Am Strand von Taylor's Mistake kann man sehr gut baden und surfen. Im Sommer patrouillieren hier Rettungsschwimmer. Es gibt aber weder einen Shop noch einen Campingplatz; das alles findet sich im etwa 5 Kilometer entfernten Vorort Sumner.

Die Wanderung vom Strand zum Godley Head und zurück dauert insgesamt etwa 3 Stunden. Zwar ist sie wenig anspruchsvoll, wegen einiger Stufen jedoch nicht Buggy-tauglich und wegen der steilen, nicht abgezäunten Klippen sollten Kinder immer gut beaufsichtigt werden.

Unterkünfte:
• *Godley Head DOC Campsite*, *Scenic*-Kategorie, 25 Stellplätze ohne Strom, mit Code-Zugang, Reservierung erforderlich in der i-Site von Christchurch oder online, Verwalter ist vor Ort, 13 NZD/Erwachsene, 6,50 NZD/Kinder ab 5 Jahren

28. Quail Island: Naherholung für Stadt-Insulaner

Wer sich von einem Besuch auf Quail Island eine leckere Wachtel-Mahlzeit erhofft, der wird enttäuscht sein: Nur kurz nachdem die kleine Insel im Becken des Lyttelton Harbour von Kapitän Mein Smith so benannt wurde, waren die endemischen Vögelchen schon wieder ausgerottet. Akkurater ist da der Maori-Name des unbewohnten Eilands: Otamahua heißt soviel wie „der Platz, wo Kinder die Eier von Seevögeln sammeln".

Die Black Cat Ferry nach Quail Island startet am Pier von Lyttelton

Sie ist nur knapp 80 Hektar groß und doch die größte Insel in ganz Canterbury. Fast exakt in der Mitte des Lyttelton Harbour gelegen, einem mit Wasser vollgelaufenen Vulkankrater, bietet Quail Island keine spektakulären natürlichen Attraktionen, aber einen vom DOC angelegten Rundweg, der einmal um die ganze Insel läuft. Der 4,5 Kilometer lange Weg ist einer der schönsten und interessantesten Spaziergänge, die man in der Umgebung von Christchurch machen kann. Hinweisschilder und Tafeln mit Quizfragen informieren über die Tier- und Pflanzenwelt und auch über die überraschende Geschichte der Insel.

Im Hafen von Lyttelton starteten zu Anfang des 20. Jahrhunderts einige Antarktis-Expeditionen, die sich vor dem Beginn der Luftfahrt ganz klassisch per Schiff ans Ziel kämpfen mussten. Nachgebildete Hundezwinger erzählen von den Schlittenhunden und Ponys, die hier auf der Insel für ihren Polareinsatz ausgebildet wurden und gleichzeitig vor Ansteckungen mit Keimen geschützt waren. Zusammen mit den Helden Ernest Shackleton, Robert Scott und Commander Byrd gingen sie auf Expedition zum Südpol.

Wegen ihrer zentralen, aber gleichzeitig isolierten Lage nutzte man die andere Seite von Quail Island jahrzehntelang als Quarantänestation (zuerst für kranke Einwanderer, später für Pocken- und Grippekranke) und sogar als Lepra-Kolonie; der Grabstein des einzigen Lepra-Toten der Insel, den der Track passiert, erinnern an dieses traurige Kapitel. Mehr Gräber, die allerdings schwerer zu erkennen sind, findet man am Westufer von Quail Island im Wasser: Dort liegen mindestens 14 Wracks, die man hier zu ihrer letzten Ruhe hingeschleppt hat. Wenn die Ebbe niedrig steht, ragen die verrosteten Schiffsrümpfe so weit aus dem Wasser, dass man mühelos hineinklettern kann.

Seit den 1970er-Jahren nutzen die Bewohner von Christchurch Quail Island einfach nur noch als Erholungsgebiet. Der hübsche, geschützt liegende Sandstrand im Süden und das relativ warme Wasser des Hafenbeckens locken im Sommer täglich viele Besucher an, die entweder mit ihren eigenen Booten oder mit der Fähre herkommen. Familien mit kleinen Kindern laufen von der Anlegestelle direkt nach Südwesten zum Whakamaru Beach, dessen östlicher Bereich für Schwimmer reserviert ist. Wer mehr sehen will, kann von dort aus weitergehen zum Wasserski-Strandbereich, weiter zum Walkers Beach und zum Schiffsfriedhof, und schließlich die gesamte Insel umrunden.

Die kleinen neuseeländischen Wachteln findet man auf Quail Island heute zwar nicht mehr, aber dank des sehr engagierten Artenschutzprogramms des DOC gibt es immerhin wieder *Fantails*, *Silvereyes*, Eisvögel und hin und

Am Westufer ruhen 14 Schiffswracks

Info

Lage: Lyttelton ist ein Vorort von Christchurch und liegt etwa 10 Kilometer außerhalb des Stadtzentrums. Erreichbar ist Lyttelton am bequemsten durch einen Autotunnel; für Radler bieten Christchurchs Busse Fahrradträger an.

Anfahrt: Von Christchurch etwa 10 Kilometer auf SH 74 nach Lyttelton fahren. Bus Nr. 28 fährt direkt bis zum Hafen. Von Pier B gelangt man mit *Black Cat Cruises* nach Quail Island.

Öffnungszeiten: immer

Die *Black Cat Cruise*-Fähre verkehrt von Lyttelton nach Quail Island zwischen Oktober und Mai täglich 10:20 Uhr, 12:30 Uhr (nur in der Hochsaison) und 15:30 Uhr. Kontakt: Tel.: +64-3 328 9078, www. BlackCat.co.nz. Die Fähre kostet 30 NZD/Erwachsene, 15 NZD/Kinder von 5 bis 15 Jahren (hin und zurück).

wieder sogar einen Zwergpinguin zu sehen. An den Ästen von Manuka-Bäumen hängen hier und da kleine Holzkästchen – das sind die Häuser von kürzlich wieder eingeführten Baum-Wetas.

Achtung: Bezahlt wird direkt an Bord, Kartenzahlung ist nicht möglich!

Aktivitäten: Von der Anlegestelle zum Whakamaru Beach sind es etwa 10 Minuten. Der Weg ist nicht anspruchsvoll und Buggy-tauglich, geht aber steil bergab. Der kürzere Discovery Trail führt in etwa einer Stunde von der Anlegestelle zum *Heritage Centre* und über die Inselmitte zurück zum Whakamaru Beach. Um die gesamte Insel führt der Otamahua/Quail Island Track, für den man gut 2,5 Stunden braucht und der vom Discovery Trail abzweigt.

Achtung: Im Norden der Insel führt der Weg recht nah an den steilen Basaltklippen entlang; Kinder müssen hier gut beaufsichtigt werden!

Unterkünfte: Auf Quail Island gibt es keine permanenten Unterkünfte, auch Camping ist leider verboten.

29. Christchurch: Tor zur Antarktis

Schnee und Eis im sommerlichen Neuseeland? Kann man ganz einfach haben, ohne das zeitraubende Wandern auf einen Dreitausender oder das teure Mieten eines Helikopters. Direkt in Christchurch wartet das Antarctic Centre mit einer geballten Ladung an Kälte und Informationen – und ist auch für Frostbeulen wirklich sehenswert!

Stilecht unterwegs mit dem Hägglund-Mobil

Nur wenigen Besuchern ist bewusst, dass Christchurch nicht nur die größte Stadt der neuseeländischen Südinsel ist, sondern seit 100 Jahren auch der Startpunkt vieler Antarktis-Expeditionen. Hier beginnen nicht nur Antarktis-Kreuzfahrten und Forschungsreisen, hier haben auch die USA, Südkorea und Italien ihre Antarktis-Büros. Seit 2012 findet alle zwei Jahre das *NZ IceFest* statt, um die Bedeutung der Antarktis einem breiten Publikum zu vermitteln.

Vom Flughafen in Christchurch starten die Forschungsflüge zur Ross-Insel in der Antarktis. Auf dem Gelände nördlich der Terminals kann man im Sommer die vielen speziell ausgerüsteten Frachtflugzeuge sehen, die sich auf ihren Start zum McMurdo Sound vorbereiten.

Es sind zwar nur 4000 Kilometer, aber die Reise in die Antarktis ist für die meisten Menschen unerschwinglich. Das *Antarctic Centre*, passend gelegen in unmittelbarer Nähe zum Flughafen, bietet zum Glück eine *full on*-Antarktis-Erfahrung. Mit echtem Schneefall und Indoor-Polarsturm zum Nachfühlen, Eisrutschen und einer Eiswasser-Challenge für die jüngeren Besucher.

Für die an Fakten Interessierten werden originalgetreue Nachbauten der ersten Antarktis-Forschungsstationen und der heutigen, topmodern ausgestatteten *Scott Base* spannend sein, nebst einer Fülle an hervorragend aufgemachten Informationen zum Naturschutz und zur Bedeutung der Antarktis für unseren Planeten.

Sogar die größten Frostbeulen werden spätestens nach der Begegnung mit den süßen Zwergpinguinen, einem Besuch in der „Husky-Knuddelzone" und der rasanten Fahrt in einem echten Hägglund-Mobil glühende Antarktis-Fans sein. Und dass man als Polarforscher gar nicht frieren muss, lernt man beim Anprobieren der *Extreme Cold Weather*-Spezialkleidung.

Wer noch mehr über die Antarktis wissen möchte, der findet im kostenlosen Canterbury Museum im Stadtzentrum einige spannende Exponate von Polarforschungsreisen sowie zahlreiche (ausgestopfte) Pinguine. Über die ganze Stadt verstreut findet man historische Punkte, die mit der neuseeländischen Antarktis-Geschichte in Verbindung stehen; etwa die Statue des tragischen Polarforschers Robert Scott, der 1910 von Lyttelton aus zu seiner letzten Expedition an den Südpol aufbrach (während des Erdbebens zerbrach sie und ist derzeit im *Quake City Foyer* ausgestellt), oder ein historisches DC3 Flugzeug im Ferrymeade Heritage Park, das die USA in den 1960er-Jahren für Versorgungsflüge nutzten.

Info

Lage: Das *Antarctic Centre* liegt direkt gegenüber vom Flughafen Christchurch; zu Fuß sind es maximal 5 Minuten.
Adresse: 38 Orchard Rd, Harewood (Christchurch Airport)

Anfahrt: Aus der Stadt gelangt man in etwa 15 Minuten zum *Antarctic Centre*, einfach der Beschilderung zum Flughafen folgen. Der kostenlose *Penguin Express Bus* fährt stündlich hin, Abfahrt ist vor dem Museum in der Rolleston Avenue.

Öffnungszeiten: täglich von 9 bis 17:30 Uhr (im Sommer bis 19 Uhr), die Huskys kommen immer freitags, samstags und sonntags zwischen 10 und 14 Uhr; Tel.: +64-3 357 0519 oder 0508 736 4846 (kostenlos aus dem neuseeländischen Netz)

Eintritt: Online-Preise (günstiger): Komplett-Ticket 59 NZD/Erwachsene, 29 NZD/Kinder von 5 bis 15 Jahren, 149 NZD/Familienkarte (2 Erwachsene, 3 Kinder), Express-Ticket (ohne Snowmobil-Tour und 4D-Kino) 39 NZD/Erwachsene, 19 NZD/Kinder von 5 bis 15 Jahren, 99 NZD/Familienkarte (2 Erwachsene, 3 Kinder)

Achtung: Die Snowmobil-Tour ist ab 2 Jahren erlaubt, bis 8 Jahre muss ein Erwachsener dabei sein.
Warme Kleidung für die frostigen Ausstellungsbereiche wird vom *Antarctic Centre* gestellt. Koffer und Taschen können abgegeben werden.

Bonus: Kaikoura nach dem Erdbeben

Kaikoura ist ein Musterbeispiel für gelingenden Tourismus in Neuseeland: Das kleine Städtchen, eingebettet zwischen dem Pazifik und
den 2600 Meter hohen Kaikoura Ranges, hat sich in den letzten Jahren
einen Ruf als die *Whale Watching Destination* in Neuseeland erarbeitet.
Hunderttausende Touristen kommen jedes Jahr an die Ostküste der
Südinsel, einzig und allein, um Kaikoura zu besuchen und dort einen
Ausflug aufs Meer zu machen.

Pottwale und Delfine sind das Markenzeichen des Ortes, daneben tummeln sich hier Seelöwen, Haie und Meeresvögel wie Albatrosse und genießen den Fischreichtum des Tiefseegrabens, der nur wenige Kilometer vor der Küste Kaikouras liegt.

Am 14. November veränderte sich mit einem Schlag alles in Kaikoura: Ein Erdbeben der Stärke 7,8 drückte den Boden an der Ostküste zwischen Cheviot und Seddon um bis zu einen Meter nach oben, riss tiefe Spalten auf und verursachte schwere Erdrutsche. Der Küsten-Highway SH 1, der

Die Küstenlinie rund um Kaikoura wurde durch das Erdbeben grundlegend verändert

von Christchurch nach Picton führt und nicht nur die Hauptverkehrsroute der Südinsel, sondern auch die wichtigste Zubringerstraße nach Kaikoura ist, wurde schwer beschädigt. Auch die Umgehungsmöglichkeit über das Inland (SH 70) musste wochenlang mit schwerem Gerät beräumt werden, bevor Anwohner und Lieferanten sie wieder befahren konnten.

In den Wochen nach dem Erdbeben sah es düster aus für die Zukunft von Kaikoura als *Whale Watching Spot*: Die Küste hatte sich durch das Erdbeben großflächig angehoben, mehrere Quadratkilometer Meeresboden lagen nun auf dem Trockenen, hunderttausende von Paua-Muscheln und anderen Meerestieren verendeten. Touristenattraktionen wie der Wasserfall am Ohau Point, wo die Seebären ihre Jungen tagsüber in einem „Kindergarten" spielen ließen, während die Eltern zur Jagd gingen, wurden schwer beschädigt und sind bis heute unzugänglich. Und die Katamarane der *Whale-Watching*-Anbieter kamen nicht mehr aus dem Hafen heraus.

Inzwischen hat sich zum Glück gezeigt: So schlimm wie zunächst befürchtet waren die Zerstörungen nicht. Die Zufahrtsstraßen über das Inland und der SH 1 von Christchurch und Picton sind (mit Sicherheitseinschränkungen) wieder offen für Reisende, Tour-Anbieter in Kaikoura freuen sich über jeden Kunden und bieten das übliche Spektrum an: *Whale Watching*, Kajakfahrten und Schwimmen mit Delfinen sind möglich.

Durch das Beben entstanden sogar neue Attraktionen: etwa die *Hope Springs*, eine Region im Meer, in der stetig Champagner-artige Bläschen

Das Erdbeben hob einen breiten Küstenstreifen aus dem Meer – neues Land für Kaikoura

aus einer aufgerissenen Erdspalte aufsteigen, oder die steinernen „Dino-saurier-Eier", die am Gooch's Beach aufgetaucht sind.

Info

Lage: Kaikoura liegt rund 180 Kilometer nördlich von Christchurch und 156 Kilometer südlich von Picton an der Ostküste der Südinsel.

Anfahrt: Mit dem Auto erreicht man Kaikoura wieder fast ohne Ein-schränkungen von Norden und Süden über den SH 1 (Baustellen sind nach wie vor an der Strecke) und über die Inland Kaikoura Road (SH 70). Die Bahnverbindung des Coastal Pacific wird ab Dezember 2018 ebenfalls wieder aufgenommen.

Inlandsflüge nach Kaikoura werden von Sounds Air aus Christchurch (ab 115 NZD/Strecke) und Blenheim (ab 85 NZD/Strecke) angeboten. Kontakt: Tel.: +64 3 520 3080, E-Mail: info@soundsair.com

Aktivitäten: Fast alle touristischen Angebote sind wieder auf dem Stand von vor dem Erdbeben. Über das Programm und Kontakte zu den Anbietern kann man sich auf www.visitkaikoura.nz informieren.

Kaikouras ältestes Gebäude, das als Walfangstation auf Walknochen errichtete Fyffe House an der Avoca Street, erlitt bei dem Erdbeben strukturelle Schäden, wurde aber restauriert und wieder eröffnet, 10 NZD/ Erwachsene, Kinder kostenfrei, Öffnungszeiten: 10-17 Uhr im Sommer, 10-16 Uhr im Winter, Kontakt: Tel. +64-3 319 58 35, www.fyffehouse.co.nz

Geheimtipp: Der Seebären-Kindergarten am Ohau Point ist nach wie vor unzugänglich. Aber etwa 80 Kilometer nördlich der Stadt geht kurz vor Überqueren der Waima River Bridge eine Stra-ße ohne Namen zur Küste ab. Die Felsen, die steil am Strand aufragen, heißen auf einigen Wanderkarten *The Needles*. Und an ihrem Fuß tummeln sich in der passenden Sai-son hunderte von Seebären mit ihrem Nachwuchs. Vom

Seebären am Ohau Point

Straßenende am Waima River sind es etwa 5 Kilometer am Strand entlang, aber diese Wanderung ist für Tierfreunde extrem lohnend! GPS: -41.906384, 174.112489

Otago

Einer der schönsten Roadtrips: die Straße von Queenstown nach Glenorchy

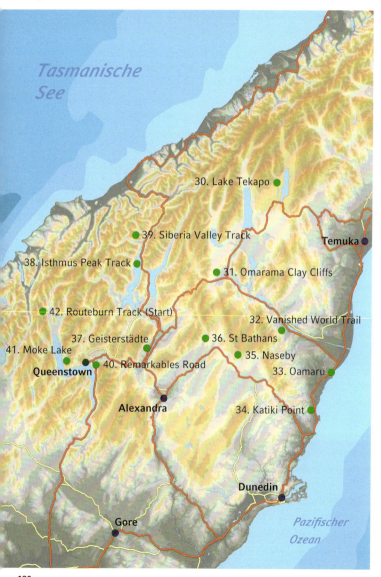

Tasmanische
See

30. Lake Tekapo

39. Siberia Valley Track

38. Isthmus Peak Track

Temuka

31. Omarama Clay Cliffs

42. Routeburn Track (Start)

32. Vanished World Trail

37. Geisterstädte

36. St Bathans

41. Moke Lake

35. Naseby

Queenstown

40. Remarkables Road

33. Oamaru

Alexandra

34. Katiki Point

Dunedin

Gore

Pazifischer
Ozean

30. Lake Tekapo: Überraschung am Peninsula Walkway

Lake Tekapo gehört zu den bekanntesten Attraktionen Neuseelands. Kaum ein Besucher verpasst die Gelegenheit, das azurblaue Wasser dieses Sees zu bewundern. Weil alle an der idyllischen kleinen Steinkirche am Seeufer, der *Church of the Good Shepherd*, ein Erinnerungsfoto schießen wollen, drängen sich die Menschenmassen in der Hauptsaison am südlichen Seeufer.

Kaum jemand bewundert aber die schneeweißen Felsenklippen, die am Westufer des Lake Tekapo, genau gegenüber der kleinen Motuariki Island, aufragen und sich an klaren Tagen im spiegelglatten Wasser des Sees spiegeln. Dabei sieht das Knallblau des Lake Tekapo hier noch viel beeindruckender aus – wenn das überhaupt möglich ist. Die aquamarinblaue Farbe des eiskalten Seewassers entsteht durch das Steinmehl, das der in den nördlichen Seebereich mündende Godley River direkt aus den alpinen Gletschern unermüdlich in das Wasser hineinträgt und das den gesamten Seegrund bedeckt. Die Reflexion des einfallenden Lichtes erzeugt dann das mitunter unglaublich erscheinende Blau.

Lake Tekapo ist nicht der einzige See mit dieser Farbe – der 20 Kilometer westlich liegende Lake Pukaki und der südwestlich liegende Lake Ohau sind ebenfalls knallblaue Gletscherseen. Der direkt benachbarte Lake Alexandrina, ebenfalls durch eiszeitliche Gletscher geformt, wird dagegen heute nicht mehr von einem solchen gespeist und weist eine wesentliche „normalere" Wasserfarbe auf.

Nun zum Geheimtipp, der in keiner Broschüre und auf keinem DOC-Informationsschild vermerkt ist, ja zu dem nicht einmal ein markierter Weg führt. Nur Bootsfahrer, die im mittleren Teil des Sees unterwegs sind, könnten ihn zufällig vom Wasser aus entdecken. Die Lake Tekapo Peninsula ist ein Landvorsprung am Westufer, der (aus der Luft gesehen) den unteren, sehr schmalen Bereich des Sees vom oberen, breiteren Teil abzutrennen scheint. Auf dem einfachen, etwa 1,5 Stunden langen Rundweg über diese Peninsula läuft man direkt auf den weißen Klippen entlang, ohne es zu bemerken. Auch von oben ist die Sicht natürlich phänomenal: Der Blick schweift weit über den Lake Tekapo mit der kleinen Motuariki Island und den Bergen im Osten dahinter, über die *Southern Alps* mit dem weit entfernten Aoraki/Mount Cook und Lake

Das Mount John Observatory thront hoch über dem Seeufer

Alexandrina im Westen und über die runde Kuppe des Mount John mit dem Planetarium im Süden.

Erst von unten aber offenbart sich ein weiteres beeindruckendes Naturwunder, das fast niemand kennt. Dazu muss man vom vordersten Teil des Peninsula Walkway, wo er fast bis auf die Höhe des Seeufers hinabführt und quasi am nächsten an die im See liegende Insel heranreicht, mutig den Pfad (der ohnehin kaum markiert ist) verlassen und sich einen Weg ans Ufer suchen. Auf einer Breite von etwa 600 Metern ragen hier unten die kreideweißen, fast senkrechten Klippen mehr als 20 Meter hoch auf. An ihrem Fuß kann man bequem über das trocken liegende, mit Steinchen besäte Seeufer entlanglaufen und am Ende wieder zum Peninsula Walkway hinaufsteigen.

Danke für diesen Tipp an Scott Cook, den Autor des ungewöhnlichen Reiseführers „NZ Frenzy"!

Info

Lage: Lake Tekapo liegt im Mackenzie District von Canterbury, etwa 230 Kilometer bzw. knapp drei Stunden Fahrt westlich von Christchurch. Die weißen Klippen liegen ungefähr auf halber Höhe des Sees am Westufer, erreichbar über die Godley Peaks Road.

Anfahrt: Von Lake Tekapo Town auf Godley Peaks Road nach Norden fahren bis zum ersten Parkplatz. Von hier führt der Peninsula Walkway in etwa 45 Minuten zum Seeufer über den weißen Klippen. Der Abstecher hinunter an den Fuß der Klippen dauert noch einmal etwa 30 bis 45 Minuten.

Öffnungszeiten: immer; bei Sonnenschein sehen die Farben von Seewasser und Kreidefelsen aber am schönsten aus. Da die weißen Klippen nach Osten schauen, sollte man den Vormittag für eine Tour dorthin wählen, wenn sie direkt von der Sonne angeleuchtet werden.

Eintritt: nichts

Aktivitäten: Der Peninsula Walkway führt auf einer einfachen, nur mit Stangen markierten Route über den grasbewachsenen Landvorsprung am Seeufer. Über etwa 4 Kilometer läuft man eine Runde vom ersten Parkplatz an der Godley Peak Road zum nächsten Parkplatz weiter nördlich und auf einer anderen Route, weiter entfernt vom Seeufer, wieder zurück.

Mit einem gemieteten Boot oder Kajak lassen sich die Klippen vom Wasser aus bestaunen. Kontakt für geführte Bootstouren über *Cruise Tekapo*, info@cruisetekapo.co.nz, Kajakvermietung über *Lake Shore Backpackers* auf dem Gelände des *Lake Tekapo Holiday Park*.

Auf dem Rückweg von den Klippen zum SH 8 in Richtung Wanaka oder Christchurch sollte man am *Mount John University Observatory* Halt machen. Die Sicht aus über 1000 Metern Höhe ist absolute Weltspitze – auch nachts, wenn man hier ungestört durch jegliche Lichtquellen einen Sternenhimmel vom Feinsten bewundern kann.

Entspannung pur findet man in den *Lake Tekapo Springs*, einem Thermalbad mit drei bis zu 40° Celsius heißen Becken sowie einem etwas kühleren Kinderplanschbecken. Lakeside Drive 6, etwa 2 Kilometer vom Stadtzentrum, geöffnet täglich außer am 25.12. von 10 bis 21 Uhr, Eintritt 27 NZD/Erwachsene, 15 NZD/Kinder, 87 NZD/Familien, Tel.: +64-3 680 6550, Website: www.tekaposprings.co.nz

Unterkünfte:

- *Lake Tekapo Motels and Holiday Park*: direkt am Seeufer unter Bäumen, mit Bungalows und *powered sites* ab 46 NZD/2 Erwachsene, Lakeside Drive, Tel.: +64-3 680 6825, E-Mail: info@laketekapo-accommodation.co.nz
- *Lake McGregor Campsite*: kleiner, abgelegener Platz nördlich des zweiten Parkplatzes des Peninsular Walkway am Ufer des Lake McGregor (an der Westseite des Lake Tekapo), mit Toiletten und Eimer-Duschen, im Sommer mit Verwalter; ein zweiter Platz für Fahrzeuge mit *Self containment*-Plakette kommt nach dem ersten, der im Sommer recht voll werden kann; 5 NZD/Person.

31. Omarama Clay Cliffs: Abenteuerspielplatz mit Gruseleffekt

Wer auf der Nordinsel die mystisch-gruseligen Putangirua Pinnacles verpasst hat oder den Abstecher zum abgelegenen Cape Palliser östlich von Wellington nicht machen will, dem bietet sich nahe der Kleinstadt Omarama eine zweite Chance. Hier ragen ebensolche seltsam zu Säulen geformten Felsen aus Lehm auf, die der Fantasie endloses Futter geben.

Die Clay Cliffs bei Omarama

Da türmen sich Minarette, Leuchttürme und Tunnelbögen auf, die an Elefantenrüssel, Riesenpilze oder noch absurdere Gestalten erinnern, und strahlen je nach Lichteinfall und Wolkenbesatz in leuchtendem Gelborange oder dräuendem Blutrot bis Dunkelgrau. Das Ganze wird herrlich konterpunktiert von den üppig wuchernden Lupinen und dunkelgrünem Gestrüpp, im Hintergrund das Weiß der schneebedeckten Gipfel der Southern Alps und das Blau des zu zahlreichen Wasserläufen verzweigten Ahuriri River – wer da nicht zum Fotoapparat oder gleich zur Staffelei greift, der ist wahrscheinlich farbenblind.

Von dem Felsenrund, das an eine Kathedrale oder ein Amphitheater erinnert und ebensolche Gefühle des Überwältigtseins erzeugt, kann man noch weiterlaufen und -klettern, sofern man passende Zugänge zwischen den Felsenkegeln findet. Da die Clay Cliffs auf Privatgelände liegen und die Besitzer offenbar wenig Interesse an einer Touristenattraktion haben, gibt es bis auf ein abschreckend wirkendes Schild an der Zufahrtsstraße keine Hinweise oder angelegte Pfade für dieses Gelände.

Hat man die geringe Zufahrtsgebühr hinterlegt und den Hund an die Leine genommen (auf freilaufende Tiere wird laut Schild geschossen!), hat man das Areal in der Regel komplett für sich allein. Kinder sind hier in einem Abenteuerparadies, sollten aber gut beaufsichtigt werden, weil das Gelände eben privat und nicht gepflegt ist – niemand übernimmt Verantwortung für verknackste Knöchel oder Verletzungen durch Dornbusch-Verhedderungen.

Info

Lage: Die Clay Cliffs liegen etwa 5 Kilometer nördlich von Omarama. GPS: -44.4888782, 169.8743763

Anfahrt: Vom SH 8 zweigt nördlich von Omarama eine geschotterte Straße ab, die noch 7 Kilometer weiter führt. Nach 3,5 Kilometern passiert man die Einfahrt auf das Privatgelände, wo die Zufahrtsgebühr hinterlegt werden muss. Der nicht eigens gekennzeichnete Parkplatz liegt direkt am Fuß der Klippen, von hier aus sind es nur wenige hundert Meter zu Fuß bis in das Felsenrund hinein.

Öffnungszeiten: immer; bei schönem Wetter ist sowohl das Laufen zwischen den Felsen ungefährlicher als auch die Sicht besser.

Eintritt: 5 NZD pro Auto

32. Vanished World Trail: Neuseelands Urgeschichte

Erst seit wenigen hundert Jahren leben Menschen auf den neuseeländischen Inseln. Aber das heißt nicht, dass Neuseeland keine Geschichte zu bieten hätte. Im Gegenteil: Wer sich für urzeitliche Fossilien und Ablagerungen interessiert, der kann im Waitaki District spannende Entdeckungen machen, die kaum ein Tourist auf der Agenda hat.

Anders als die berühmten Moeraki Boulders oder der versteinerte Wald in der Curio Bay (siehe Seite 178), sehen die Überreste von urzeitlichen Meerestieren im Hinterland von Oamaru und Dunedin nur wenige Besucher. Sind die archäologischen Fundstätten zu abgelegen?

Die meisten Reisenden bleiben an der Küste, wenn sie von Oamaru nach Dunedin fahren. Ins stille, wenig besiedelte Inland, das großteils aus hügeligen, steinigen Weideflächen und niedrigen Kalksteinklippen besteht, verirrt sich kaum jemand. Hier gibt es ja auch nichts – nur hin und wieder ein Hinweisschild zu einer Station des *Vanished World Trail*.

Diese Route verbindet in loser Folge zwanzig archäologische Fossilien-Fundstätten von prähistorischen Zahndelfinen, Walen und Schalentieren. Ohne feste Reihenfolge oder Zugangsbeschränkungen führt der

Urzeitliche Fossilien stecken in den Felsen am Wegrand

Die Elephant Rocks bei Duntroon – enthalten keine Elefanten

Trail zu erdgeschichtlich interessanten Felsformationen, Gesteinsablagerungen und eben Fossilien-Fundstätten. An zwei Fundorten in der Nähe von Ngapara und Duntroon kann man teilweise freigelegte Skelette unter Plexiglas bewundern und sich auf Schautafeln informieren, an anderen muss man schon genau wissen, was es dort zu sehen gibt.

Etwa in der Mitte der Route, im winzigen Örtchen Duntroon im Waitaki Valley, befindet sich ein kleines Informationszentrum, wo man sich weitergehend mit dem Thema Frühgeschichte beschäftigen kann.

Dort erfährt man zunächst, dass die Hügel des heutigen Waitaki Valley vor 24 Millionen Jahren noch bis zu 100 Meter tief unter dem Meeresspiegel lagen. Erst später, im Tertiär-Zeitalter, wurde der Meeresboden angehoben, so dass Neuseelands östliche Küsten als letzter Teil der heutigen Landmasse trockengelegt wurden. Die Schalen und Skelette von Muscheln, Zahnwalen, Riesenpinguinen und Haien, welche im flachen Meer rund um Neuseeland lebten, wurden dabei im weichen Kalkstein eingeschlossen und blieben erhalten.

Geologen der *University of Otago* haben ein ansehnliches Informations- und Bildungsprogramm für die Bewohner und Farmer des Waitaki District auf die Beine gestellt – denn um die wertvollen erdgeschichtlichen Ablagerungen und Fossilien zu erforschen, muss sichergestellt sein, dass sie nicht zerstört, beschädigt oder als Andenken entwendet werden.

Nach Herzenslust ausgraben kann man die Fossilien nur im Informationszentrum, wo durch die Universität topmoderne Ausgrabungsgeräte und -methoden zur Verfügung gestellt werden. Auch die Produkte im Souvenirshop sind keine billigen Andenken, sondern lohnenswerte Anschaffungen für kleine und große Hobby-Archäologen!

Bei der Entdeckungsreise von Moeraki bis nach Oamaru hilft eine Broschüre, die man in den i-Sites des Waitaki Valley, im *Otago Museum* in Dunedin und an anderen Stellen kostenlos mitnehmen kann. Nicht jede Station lohnt das Aussteigen und Besichtigen, aber wenn man ohnehin in der Gegend ist, macht die archäologische Schatzsuche durchaus Spaß.

Info

Lage: Der *Vanished World Trail* führt von Oamaru über Duntroon bis nach Moeraki durch den nördlichen Teil von Otago und das Waitaki Valley. Das Informationszentrum befindet sich in Duntroon, 45 Kilometer nordwestlich von Oamaru.

Zu den Stationen des *Vanished World Trail* gehören unter anderem die Moeraki Boulders sowie eine Fundstätte historischer Maori-Felsenzeichnungen 4 Kilometer nördlich von Duntroon, GPS: -44.8603274, 170.6629172 (siehe Seite 94).

Anfahrt: Zum *Vanished World Centre* biegt man etwa 7 Kilometer nördlich von Oamaru bei Pukeuri vom SH 1 auf den SH 83 ab und fährt etwa 35 Kilometer ins Inland bis nach Duntroon. Das Informationszentrum liegt am SH 83/Ecke Campbell Street, gleich neben dem *Duntroon Hotel*.

Es ist empfehlenswert, aber nicht zwingend, mit dem Besuch des Informationszentrums zu beginnen. Die einzelnen Stationen des *Trails* liegen meist nur einen kurzen Spaziergang vom Straßenrand entfernt und sind leicht zugänglich. Ein guter Startpunkt ist die Earthquake Road in Duntroon, die ins Hinterland zu mehreren Fossilienfundstätten führt. Über die Livingston–Duntroon Road (nach links fahren) und die Island Cliff Road gelangt man zu den Elephant Rocks, GPS: -44.8782109, 170.6367619, danach in das Anatini-Gebiet und nach 3 weiteren Kilometern in das Flusstal des Awamoko River, wo Fossilien zu sehen sind. Über die Pryde's Gully Road (rechts abbiegen) fährt man nach Ngapara und Weston und erreicht schließlich in Oamaru wieder die Küste. Von hier kann man weiter nach Süden

Das Waitaki Valley

fahren und am Strand von Kakanui interessante vulkanische Felsenformationen entdecken.

Öffnungszeiten: Die Stationen des *Trails* sind immer zugänglich, das *Vanished World Centre* in Duntroon hat täglich von 9:30 bis 17 Uhr geöffnet.

Eintritt: Die Stationen des *Trails* sind alle kostenlos zugänglich, das *Vanished World Centre* in Duntroon kostet 10 NZD/Erwachsene, Kinder bis 12 Jahre zahlen nichts. Die Broschüre für den *Vanished World Trail* kostet 6,50 NZD.

Die Einnahmen des *Vanished World Centre* kommen ausschließlich dem Erhalt des *Vanished World Trail* und des Informationszentrums zugute.

Aktivitäten: Wer mehr über die Frühgeschichte Neuseelands lernen will, der kann eine geführte Bus-Tour zu einigen Stationen des *Trails* buchen. Kontakt: Tel.: +64-3 4312024, E-Mail: info@vanishedworld.co.nz

Unterkünfte:
- *Duntroon Domain and Camping Ground*, am Stadtrand hinter dem Vanished World Centre, mit Stellplätzen für Zelte und Campervans, 10 NZD/ 2 Erwachsene, Kinder bis 15 Jahre frei (plus 5 NZD für Stromanschluss), Bezahlung per „honesty box"
- *Kelcey's Bush Farmyard Holiday Park* mit freilaufenden Kängurus und Meerblick, Bungalows und einige Campervan-Stellplätze für 20 bis 32 NZD, Mill Road 677, Waimate, Tel.: +64-3 6898057, E-Mail: kelceysbush@xtra.co.nz

33. Oamaru: Zeitreise vorwärts und rückwärts

Die meisten Besucher halten nur zum Beobachten der putzigen Zwergpinguine in Oamaru, die hier am Abend aus dem Meer an Land kommen. Wer sich die Zeit nimmt und durch die wunderschöne Innenstadt bummelt, der lernt eines der hübschesten Städtchen Neuseelands kennen – und begegnet vielleicht einigen seltsam kostümierten Menschen ...

Die weite Ebene vor den kargen Hügeln und Bergen des Mackenzie Country im Westen erschien dem vorbeisegelnden Entdecker James Cook langweilig und nicht weiter erkundenswert. Aber das Tal des Waitaki River war fruchtbar, und schon bald galt das dort gegründete Oamaru als Agrar- und Handelszentrum der Ostküste. Ihren Wohlstand zeigte die Stadt mit einer wachsenden Zahl repräsentativer Gebäude, die im neoklassischen Stil aus dem örtlichen Kalkstein errichtet wurden.

In den 1880er-Jahren galt Oamaru mit seinem viktorianischen Stadtzentrum als eine der reichsten und schönsten Städte ganz Australiens und Neuseelands und war Los Angeles ebenbürtig. Die Schließung seines Hafens und der Niedergang der Agrarindustrie in den 1970ern versetzten Oamaru beinahe den Todesstoß. Anders als andere Orte in

Herausgeputzt: die schmucke Innenstadt von Oamaru

Oamaru ist heute die Steampunk-Hauptstadt der Welt

Neuseeland, die heute nur noch mit pittoresken Ruinen von sich reden machen, besann sich die Vorzeigestadt aber rechtzeitig auf ihre Stärken und erschuf sich neu – als Tourismusmagnet.

Das gesamte Zentrum des Städtchens, zusammen mit der Hafenanlage, steht heute unter Denkmalschutz. Die repräsentativen Lager- und Warenhäuser im Straßengeviert zwischen Tyne Street, Harbour Street, Itchen Street und Lower Thames Street wurden vom *Whitestone Civic Trust* aufgekauft, restauriert und neu vermietet.

Heute bewundert man nicht nur gut erhaltene Fassaden, sondern ein lebendes Stadtzentrum mit Boutiquen, Galerien, Pubs und Hotels. Buchbinder, Schreiner und Schneider erwecken das viktorianische Zeitalter mit ihren Künsten zum Leben. Komplett wird die Zeitreise mit der historischen Dampfeisenbahn oder dem Fotografen, der Familienporträts im traditionellen Look anfertigt – allerdings am Computer, ohne Blitzpulver.

Aber viktorianische Häuser sind noch lange nicht alles in Oamaru! Das Städtchen hat sich nämlich außerdem einen Ruf als *Steampunk Capital* erarbeitet. Die Subkultur mit den wahnwitzigen Dampfmaschinenkonstruktionen und Gothic-Kleidern spielt zwar mit dem viktorianischen Zeitalter, entstand aber erst in den 1980er-Jahren. Der sogenannte

Aufgemotzte Maschinen vor dem Steampunk HQ

Retro-Futurismus, der auf die Werke von Jules Verne und H.G. Wells zurückgeht, stellt sich sozusagen eine Zukunft vor, die sich aus der viktorianischen Welt hätte entwickeln können.

Steampunk-Fans aus aller Welt feiern ihre Zeitreise-Fantasien in Oamaru, denn wo sonst wird ihnen eine so perfekte Bühne bereitet? Es gibt zahlreiche Steampunk-Installationen, ein Steampunk-Museum mit einer atemberaubenden Ausstellung über drei Etagen (das *Steampunk Headquarter*), einen Steampunk-Spielplatz und vor allem eine aktive Szene von Steampunk-Fans. Im Jahr 2016 schafften es diese mit der weltgrößten Versammlung von Kostümierten ins Guinness-Buch der Rekorde.

Oamarus Relaunch als *Steampunk Capital* scheint weit hergeholt, aber die Do-it-yourself-Mentalität, die alte Geräte vom Schrott fantasievoll umgestaltet, passt hervorragend zur *Number 8 wire*-Attitüde der praktisch veranlagten Neuseeländer. Und mit dem Inszenieren des leicht Schrägen, das die Außenseiter mit dem etwas anderen Geschmack feiert, ist Oamaru zum Hafen für Kreative und Künstler aus aller Welt geworden.

Einen Gentleman im viktorianischen Gehrock, mit Taschenuhr und Roboter-Hut begrüßt man in Oamaru mit selbstverständlichem Kopfnicken – oder natürlich mit einem Knicks, wenn man selbst gerade im Reifrock durch die Stadt flaniert.

Info

Lage: Oamaru liegt etwa 70 Kilometer südlich von Timaru und 120 Kilometer nördlich von Dunedin an der Ostküste der Südinsel.

Anfahrt: Von Christchuch sind es etwa drei Stunden Fahrt nach Süden auf dem SH 1. Die Thames Street zweigt kurz nach dem *Countdown*-Supermarkt vom SH 1 ab, der dort eine Rechtskurve macht. Die Itchen Street führt dann links zum Hafen, wo das *Steampunk HQ* und weitere viktorianische Gebäude liegen. Etwas weiter südlich befindet sich die *Blue Penguin Colony*, an der sich abends zahlreiche Touristen zum Pinguin-Schauen versammeln.

Öffnungszeiten: Das viktorianische Stadtzentrum erstreckt sich auf die Straßenzüge von Tyne Street, Harbour Street, Itchen Street und Lower Thames Street, in der Nähe des Hafens.

Das *Steampunk HQ* liegt im ehemaligen *Meeks Grain Elevator Building* am Hafen, direkt an den Bahngleisen auf der Itchen Street 1. Es ist täglich von 10 und 17 Uhr geöffnet.

Eintritt: nichts; für das *Steampunk HQ* zahlt man 10 NZD/2 NZD (Erwachsene/Kinder) Eintritt.

Aktivitäten: Ein Stadtbummel durch Oamaru ist einfach, denn die schmuck sanierten viktorianischen Gebäude konzentrieren sich auf wenige Straßenzüge. Nicht verpassen sollte man das *Steampunk HQ* und den *Steampunk Playground*.

Jedes Jahr im November feiert Oamaru sein viktorianisches Erbe mit den *Victorian Heritage Celebrations*. Auch der Steampunk wird jährlich gefeiert, beim dreitägigen *Steampunk NZ Festival*, das immer am Wochenende des *Queen's Birthday* Anfang Juni stattfindet.

Unterkünfte:

- *The Criterion Hotel*: Edel und stilecht schläft man in diesem viktorianischen Schmuckstück, das seit 1877 auf der Tyne Street 3 Gäste beherbergt; Doppelzimmer mit Bad ab 150 NZD/2 Personen; ab 100 NZD mit Gemeinschaftsbad; Tel.: +64-3 434 6247, E-Mail: enquiries@criterionhotel.co.nz

- Der *Top Ten Holiday Park Oamaru* liegt nur wenige Straßen vom viktorianischen Zentrum entfernt an der „Rückseite" der *Public Gardens*; Chelmer Street 30, *powered site* 45 NZD/2 Erwachsene, Tel.: +64-3 434 7666, Website: www.oamarutop10.co.nz

34. Katiki Point: Pinguine hautnah

Viele Reisende halten am Moeraki Beach nördlich von Dunedin, um die geheimnisvollen und fotogenen Moeraki Boulders zu bestaunen – kugelrunde Steinkonkretionen, die wie von Riesenhand verstreut am Strand herumliegen. Nur wenige bleiben aber an der Küste und fahren bis an den südlichsten Zipfel der Moeraki Peninsula. Dabei wartet dort die eigentliche Attraktion dieser Gegend …

… und zwar die größte Brutkolonie der nur in Neuseeland lebenden und vom Aussterben bedrohten Gelbaugenpinguine. Etwas größer und vier- bis achtmal schwerer als ihre nur 40 Zentimeter großen Vettern, die niedlichen Zwergpinguine (auf Englisch *(little) blue penguins*, auf Maori: *Koraro*), erkennt man die Gelbaugenpinguine (auf Maori: *Hoiho*) auch als Laie sehr einfach an ihrem gelben „Kopfband".

Der Zugang zum Strand selbst ist durch einen Zaun versperrt. Besucher werden gebeten, ihre Beobachtungen ausschließlich von den (für die Pinguine) verborgenen Unterständen aus anzustellen. Von hier sieht man mit einem Fernglas und etwas Geduld nicht nur Gelbaugenpinguine, sondern auch Zwergpinguine, Rußseeschwalben, Tüpfelscharben, diverse Austernfischer und viele weitere Seevögel.

Die Zufahrt zum Katiki Point

Katiki Point ist der Brutplatz vieler Gelbaugenpinguine – noch ...

Bonus: Auf dem Weg zu den Unterständen sieht man mit ziemlicher Sicherheit auch noch eine Menge behäbiger Seebären, die sich auf den flachen Felsplateaus am Strand in der Sonne aalen. Manchmal liegen sie auch oben auf den Klippen im Gras – also Augen auf!

52 Meter über diesem Naturschauspiel thront auf einem Hügel der 1878 errichtete, acht Meter hohe, holzgetäfelte und schneeweiß gestrichene Leuchtturm von Katiki Point. Sein LED-Leuchtfeuer blitzt automatisiert alle zwölf Sekunden auf. Von seinem Fuß bietet sich ein wunderschönes Panorama der Küstenlinie im Süden. Das genießen sicher auch die kranken und verletzten Pinguine und Seevögel, die im benachbarten ehemaligen Leuchtturmwärterhaus gesund gepflegt werden.

Freiwillige Helfer des gemeinnützigen Vereins *Penguin Rescue* sorgen für die Vögel, informieren Besucher über den Artenschutz und wie sie sich am besten verhalten, um die frei lebenden Pinguine nicht zu stören.

Denn wenn wohlmeinende Touristen in zu großer Zahl an den Stränden stehen und den Pinguinen für den besten Instagram-Schnappschuss zu sehr auf die Pelle rücken, reagieren diese früher oder später mit Rückzug. Sie verlassen ihre Jungen, die allein im Ufergestrüpp auf Futter warten, oder sie suchen sich für die Eiablage gleich einen anderen Platz – einen, der eventuell nicht so ideal zum Brüten geeignet ist, weil dort wilde Katzen, Wiesel und andere eingeschleppte Feinde warten und keine freiwilligen Helfer da sind, um aufzupassen.

In den letzten Jahren musste *Penguin Rescue* leider feststellen, dass die Pinguine an Touristen-„verseuchten" Stränden signifikant weniger Nachkommen aufziehen. Bei einer Pinguinart wie dem Gelbaugenpinguin, der sowieso nur an wenigen Stellen im Südosten der Südinsel nistet, kann so etwas verheerende Auswirkungen auf den Bestand haben, der aktuell auf weniger als 4000 Tiere geschätzt wird.

Wie auch an allen anderen Küsten der Südinsel, wo sich Pinguine beobachten lassen, gilt daher am Katiki Point: Abstand halten! Sonst wird in absehbarer Zeit entweder kein Pinguin mehr am Katiki Point an Land gehen, oder die Halbinsel wird für Besucher komplett gesperrt.

Info

Lage: Katiki Point liegt an der südlichen Spitze der Moeraki Peninsula, etwa 80 Kilometer nördlich von Dunedin, GPS: -45.3879021, 170.8700717

Anfahrt: Von Moeraki etwa 4 Kilometer auf der geschotterten Lighthouse Road nach Süden fahren bis zum Ende der Straße. Um von hier aus weiterzukommen, muss man bis nach Moeraki zurückfahren!

Öffnungszeiten: Das Reservat ist von 7:30 bis 19:30 Uhr geöffnet. Diese Zeiten sollten bitte respektiert werden, auch wenn es kein geschlossenes Tor gibt.

Die Gelbaugenpinguine kann man am besten vor 9 Uhr beobachten, wenn sie „zur Arbeit gehen", oder am späten Nachmittag, wenn sie von der Jagd zu ihren Küken heimkehren. Ihre Küken schlüpfen im November und Dezember. Die Zwergpinguine kommen erst in der Abenddämmerung an Land. Ihre Jungen schlüpfen zwischen März und Mai.

Die Fortpflanzungszeit der Seebären ist der neuseeländische Sommer. Im November und Dezember hat man gute Chancen auf süße kleine Seebärenbabys. Besonders in dieser Zeit ist vorsichtiges Abstandhalten anzuraten, da die Eltern der Kleinen sehr aggressiv werden können, wenn man ihnen zu nahe kommt oder ihnen den Weg zum Meer versperrt!

Hinter den Zaun dürfen nur die Pinguine

Eintritt: nichts; Spenden sind aber sehr willkommen. Für 150 NZD kann man einen erwachsenen Pinguin „adoptieren", für 50 NZD wird ein Ei oder Küken adoptiert und kann mit einem selbstgewählten Namen getauft werden.

Aktivitäten: Vom Besucherparkplatz gelangt man auf einem kurzen Weg direkt an den Oststrand zum Beobachtungsunterstand. Ein Pfad zweigt von diesem Weg nach rechts ab und führt bis an die südlichste Spitze der Halbinsel. Dabei kann man nach Osten hin weitere Pinguin-nester am Strand entdecken.

Wer gute Wildlife-Fotos machen will, der kommt hier auf seine Kos-ten – sollte aber Geduld und ein starkes Teleobjektiv mitbringen, um die Tiere nicht zu stören. Das Timing ist ebenfalls wichtig, um seine Motive überhaupt an Land entdecken zu können. Leichter und ohne schlechtes Gewissen lassen sich die vielen Kaninchen auf der Halb-insel beobachten.

Auch wenn Pinguine auf dem Besucherweg angetroffen werden, heißt das nicht, dass sie nicht mehr schützenswert sind. Abstand halten, sie ungehindert passieren lassen und nicht „umstellen", nicht mit Blitzlicht fotografieren oder mit Futter anlocken sind Selbstver-ständlichkeiten, die leider von vielen Touristen vergessen werden. Augenscheinlich kranke Tiere oder verlassene Jungtiere dürfen auf keinen Fall angefasst oder gar mitgenommen werden!

35. Naseby: Extremsport Curling

Curling ist nicht unbedingt die erste Sportart, die einem zu Neusee-land in den Sinn kommt. Aber in den kleinen Städtchen im ländlichen Otago, wo die Winter lang sind und man in der Gemeinde eng zusam-menrückt, strickt und Wohltätigkeitsbasare veranstaltet, hat Cur-ling eine altehrwürdige Tradition. Warum also nicht mal *do like the locals do* versuchen?

Im schmucken Naseby scheint die Zeit stehengeblieben zu sein ...

Spaß macht es auf jeden Fall mehr als gedacht, den etwa 20 Kilogramm schweren, abgeflachten Granitstein mit dem glattpolierten Boden über die 46 Meter lange Eisbahn zu schieben – nicht mit Kraft und Schwung, sondern mit viel Feingefühl und Augenmaß. Das Ziel sind zwei unter das Eis gemalte Ringe am Ende der Bahn, in deren Zentrum (das „Haus") man möglichst alle eigenen Spielsteine unterbringen muss – wobei die Steine der gegnerischen Mannschaft mit elegantem Kick herausgeschubst werden.

Otago

Die Kombination aus Bowling, Billard und Schach erfreut sich seit dem Mittelalter wachsender Beliebtheit. Seit 1998 ist Curling olympische Sportart. Erfunden haben das Strategiespiel die Schotten, und die haben es auch nach Neuseeland mitgebracht. Vor allem in Otago, wo sich viele Schotten angesiedelt haben, ist Curling in den kalten Wintern schon seit den 1870er-Jahren als Freizeitsport beliebt.

Das traditionsreiche Taktikspiel ist gleichzeitig spannend und freundlich, da die Mannschaften nie direkt gegeneinander spielen. Außerdem

... aber beim Curling geht es lebhaft zu!

ist es das einzige Spiel, bei dem der Anstoß nicht darüber entscheidet, wo der Spielstein am Ende landet. Das gesamte Team ist nötig, um mit gezieltem Warmrubbeln des Eises (dafür sind die „Besen" da) den Stein an den perfekten Platz zu bugsieren.

Da es vielerorts aber an dauerhaft zugefrorenen Seen oder Eissporthallen mangelt, haben sich die Curling-verrückten Einwohner von Naseby etwas ganz Besonderes geleistet: In dem kleinen Örtchen steht heute die einzige Indoor-Curling-Anlage auf der gesamten Südhalbkugel – mit Olympiastandard!

Besucher können hier winters wie sommers auf vier Eisbahnen professionell Curling spielen. Schlittschuhe braucht man nicht, die eigenen Schuhe müssen aber mit Überziehern versehen werden, damit man nicht ausrutscht und gleichzeitig das glattpolierte Eis nicht beschädigt. Auch warme Kleidung kann ausgeliehen werden. Wer sich für das Schieben der Steine nicht erwärmen kann, der mag vielleicht von der Galerie aus den Spielern der neuseeländischen Olympiamannschaft zusehen, wie es richtig geht?

Deutsche, die sich in Naseby zum Curling anmelden, sollten sich bewusst sein, dass sie vor den lokalen Fans eine Verantwortung tragen: Die Frauen-Curlingmannschaft der Deutschen hat zwei Weltmeister-

und sieben Europameister-Titel. Auch die deutschen Curling-Männer sind schon sechsmal Europameister geworden, bei den Weltmeisterschaften gewannen sie mehrmals Silber und Bronze.

Info

Lage: Naseby liegt in Otago, etwa 80 Kilometer nordwestlich von Palmerston. Die *Maniototo Curling International*-Eishalle liegt an der Channel Road 1057, direkt daneben befindet sich eine Außenanlage, wo zwischen Mai und August gespielt werden kann.

Anfahrt: In Palmerston vom SH 1 ins Inland abbiegen und auf dem SH 85 etwa 65 Kilometer fahren. Dann rechts abbiegen und weitere 15 Kilometer auf der Ridge Road bis nach Naseby fahren.

Öffnungszeiten: Die Indoor-Curlinganlage öffnet täglich von 10 bis 17 Uhr (im Winter) bzw. von 9 bis 19:30 Uhr (im Sommer). Kontakt: Tel.: +64-3 444 9878, Website: www.curling.co.nz

Eintritt: Pro Spiel zahlt man ab 30 NZD/Erwachsener, 15 NZD/Kinder bis 12 Jahre, damit mietet man eine Bahn für 1,5 Stunden. Im Preis inbegriffen sind eine gründliche Einweisung und die komplette Ausrüstung. Unter Zweijährige sollen bitte nicht auf das Eis gehen.

Aktivitäten: Im Winter bietet Naseby noch weitere spannende Aktivitäten. Auf der Outdoor-Eisbahn kann natürlich auch Schlittschuh gelaufen werden, und direkt nebenan im Naseby Forest befindet sich die 400 Meter lange *Ice Luge*, die einzige Rennschlittenbahn auf der Südhalbkugel. Auf der 4 Meter breiten Eisbahn trainieren auch die Sportler der neuseeländischen Olympiamannschaft, mit dem Schlitten kann man bis zu 70 km/h erreichen! Schuhe mit Spikes und Schutzhelme werden gestellt. Geöffnet bei geeignetem Wetter täglich 10 bis 14 Uhr, Eintritt für etwa 60 bis 80 Minuten 35 NZD/Erwachsene, 25 NZD/Kinder ab 5 Jahre, Kontakt über die Curlinganlage, Website: www.lugenz.com

Unterkünfte:

• Von den einstmals 22 Hotels in Naseby sind heute nur noch zwei offen. Das preisgekrönte *Royal Hotel* mit der restaurierten viktorianischen Fassade gibt es seit 1863, in den gemütlichen Doppelzimmern übernachtet man ab 80 NZD (mit Gemeinschaftsbad) oder 100 NZD (mit eigenem Bad). Earne Street 1, Tel.: +64-3 444 9990, E-Mail: bookings@naseby.co.nz

36. St Bathans: Was die Goldgräber übrig ließen

Was tut man als Goldgräberstadt, wenn das Gold zur Neige geht und die Einwohner allesamt zusammenpacken und weiterziehen? Diese überlebenswichtige Frage mussten sich zahlreiche Siedlungen in Central Otago stellen, als in den 1870er-Jahren der Goldrausch verebbte. St Bathans hat sich für das Festhalten an der goldenen Vergangenheit entschieden und inszeniert sich als lebendes Museum!

Überragt von der eindrucksvollen Spitze des Mount St Bathans, eingebettet in die Bergzüge der Hawkdun Ranges und der Dunstan Mountains, liegen die niedrigen Holzhäuser des winzigen Ortes St Bathans. Die Umgebung mit ihrer grandiosen Natur ist denn auch einer der Hauptgründe, warum es Reisende hierher verschlägt.

Der Blue Lake von St Bathans, ehemals „The Glory Hole"

Sind sie aber einmal ausgestiegen und die (einzige) Loop Road hinabgebummelt, bleiben viele noch ein ungeplantes Weilchen länger hier. Sie bewundern die restaurierte Anglikanische Kirche von 1882, werfen einen neugierigen Blick in die Schule und das zweistöckige Postgebäude aus Kauri-Holz, wo man auch heute noch einen Brief aufgeben

Hier war früher bestimmmt mehr los

kann. Sie trinken ein Bier oder zwei im Pub und buchen sich vielleicht sogar für die Nacht im *Vulcan Hotel* ein – jedenfalls, wenn ihnen vor-

Nicht alle Häuser sind gut erhalten

her niemand davon erzählt hat, dass in dessen altehrwürdigen Zimmern eine Dame spuken soll, die hier in den 1880ern ermordet wurde.

Wie eine Spukstadt wirkt St Bathans auch tagsüber manchmal, wenn nämlich keine Reisenden hier sind. Von einstmals über 2000 Einwohnern leben heute noch etwa zehn hier. Zeugen der großartigen Vergangenheit von St Bathans sind aber nicht nur die wenigen noch erhaltenen Häuser, von denen nur wenige noch genutzt werden.

Eine Hinterlassenschaft der Goldgräber, die ganz natürlich wirkt, ist der große See vor den Toren der Stadt – der war nämlich zu Beginn des Goldrauschs noch ein 120 Meter hoher Hügel. Der Vinegar Hill wurde auf der Suche nach dem wertvollen Mineral mit modernster Fördertechnik so gründlich durchlöchert, dass er zum tiefsten Minenloch der gesamten Südhalbkugel wurde – genannt *The Glory Hole*.

Als die Goldgräber weiterzogen, fürchtete man schon, mit dem inzwischen 68 Meter tiefen Loch der *Kildare Mine* die Stadt zu unterhöhlen, und stoppte die Grabungen. Wasser aus den umliegenden Bergen flutete das Loch und der Blue Lake entstand. Die Mineralien der umgebenden weißen Klippen sind für die unwirklich blaue Farbe des Wassers verantwortlich und geben gleichzeitig einen tollen Farbkontrast ab.

Ganz unverhofft hat St Bathans auf diese Weise eine Attraktion gewonnen, die sicherlich dazu beigetragen hat, es vor dem Vergeistern zu retten. Menschen aus der gesamten Region nutzen den Blue Lake zum Schwimmen, Wasserski fahren und angeln. (Wobei man sich schon wundern muss, wo die Fische in diesem künstlichen See ohne Zu- und Abflüsse hergekommen sind …)

Info

Lage: St Bathans liegt in Central Otago, etwa 60 Kilometer nordöstlich von Alexandra oder 30 Kilometer von Ranfurly.

Anfahrt: Kurz nach Becks biegt man vom SH 85 ab in die St Bathans Loop Road, den Ort erreicht man nach etwa 15 Minuten. Der etwa einen Kilometer lange Weg zum Blue Lake beginnt gegenüber dem *Vulcan Hotel*.

Öffnungszeiten: immer

Eintritt: nichts

Aktivitäten: Rund um den Blue Lake führt ein vom DOC verwalteter und sehr gut gepflegter Weg, der etwa 2 Kilometer lang ist. Im Winter laufen die Anwohner auf dem zugefrorenen See Schlittschuh.

Apropos Anwohner: Die Einwohner der umgebenden Orte und viele Besucher kommen jedes Jahr Anfang Januar nach St Bathans zur *St Bathans Fete*, um die „gute alte Zeit" wieder zum Leben zu erwecken. In historischen Kostümen paradieren sie dann über die Hauptstraße und feiern die lange und wechselhafte Geschichte ihrer Heimat.

Unterkünfte:

- Das *Vulcan Hotel* beherbergt nach wie vor Reisende (Achtung, in Zimmer Nr. 1 geht der Geist um!). 4 Doppelzimmer mit Gemeinschaftsbad kosten je 60 NZD/Person, Loop Road 1670, Tel.: +64-3 447 3629
- *St Bathans Domain DOC Campsite: Basic*-Kategorie, 9 Stellplätze ohne Strom, mit Toilette und Wasseranschluss, kostenlos, Zufahrt über St Bathans Loop Road bis kurz nach dem Abzweig der Fish Pond Road, GPS: -44.86720, 169.79890

37. Cromwell: Geisterstädte und Goldminen

Echte Geister hat hier noch niemand gesehen, aber die verlassene Goldgräbersiedlung bei Cromwell macht trotzdem einen gespenstischen Eindruck. Ein Spaziergang durch die verlassenen Straßen, das Erkunden der verfallenen Hütten und das Entdecken von verrosteten Hinterlassenschaften des Goldrauschs in der Umgebung ist ein Abenteuerspaß für Groß und Klein, den man mit niemandem teilen muss.

Zuerst stiegen sie in den flachen Bendigo Creek und siebten die Kiesel mit Pfannen nach Goldkörnchen aus – mit großem Erfolg, bis zu 50 Unzen Gold wurden hier pro Woche gefunden. Aber schon bald genügten den Goldsuchern aus Australien und dem Rest der Welt diese Funde

Die Bendigo Goldmine bei Cromwell

Die Überreste der Goldgräbervergangenheit von Central Otago

nicht mehr, und Mine um Mine bohrte sich in den steinigen Boden von Central Otago. Große Stampfer wurden an ihren Mündern errichtet, die das geförderte Gestein zerkleinerten, um das im Quarz enthaltene Gold herauszulösen.

Am Ende bestand das *Central Otago Goldfield* aus 20 Minen und 18.000 Menschen waren in Central Otago auf der Suche nach Gold. Die Hinterlassenschaften dieses Goldrauschs werden heute vom DOC als historische Stätten verwaltet. Denn so schnell der Goldrausch nach den ersten Funden 1862 in dieser Region aufgeflammt war, so schnell war er auch wieder vorbei – als die ersten Meldungen spektakulärer Goldfunde an der Westcoast die Glücksritter nach Okarito lockten und noch schnelleren Reichtum versprachen, breitete sich der Mantel des Vergessens über Bendigo und seine Nachbarorte.

Sechs Jahre lang lebten mehrere tausend Menschen hier, errichteten Häuser, Hotels und Spielsalons aus dem grauweißen Kalkstein der Gegend oder schlugen einfach Zelte auf. Seit 1914 ist die Einwohnerzahl gleich Null. Sogar die wenigen Bauern, die hier vorher Schafe gehalten hatten, sind verschwunden. Vielleicht haben sie sich im nicht weit entfernten Arrowtown niedergelassen, das heute wieder so schmuck aussieht wie in den Tagen seines eigenen Goldrauschs.

Eine schmale, geschotterte Straße führt von den Resten von Bendigo weiter hinein in die Dunstan Mountains, nach Logantown und Welshtown – wo ebenfalls nur noch Erinnerungen leben. Das Gebiet kann auf drei Rundwegen erkundet werden, die auf verschiedenen Routen zu den Überresten des Goldrauschs führen.

In Logantown leben heute nur noch Geister

Verfallene, dachlose Häuser, verrostete Geräte und finstere Tunnel sind vielleicht Geschmackssache – aber das atemberaubende Panorama der schneebedeckten Gipfel der Pisa Range, die sich im Hintergrund der endlosen, von gelbem Tussockgras bedeckten Bergwiesen erheben, ist eines der schönsten, das man in Neuseeland sehen kann.

Info

Lage: Die Geisterstädte Bendigo, Logantown und Welshtown liegen etwa 20 Kilometer nördlich von Cromwell nahe am SH 8.

Anfahrt: Von Cromwell auf dem SH 8 am Ostufer des Lake Dunstan nach Norden fahren. In Crippleton am Nordende des Sees biegt eine steile, geschotterte Straße rechts ab, die nach Bendigo und dann in einem Bogen wieder zurück auf den SH 8 führt. Von Bendigo führt eine weitere, für große Campervans kaum noch zu befahrende Straße 4 Kilometer nach Welshtown und Logantown. Am Parkplatz gibt es eine Toilette.

Öffnungszeiten: immer; im Winter muss definitiv mit Schnee gerechnet werden, im Sommer kann es dagegen sehr heiß sein.

Eintritt: nichts

Aktivitäten: Alle Wanderwege beginnen am Parkplatz in Welshtown. Man kann aber auch einfach so durch die Gegend schlendern.

– Der Bendigo Mine Rundweg ist 1,5 Kilometer lang und führt in etwa 45 Minuten durch die Ruinen von Welshtown, zu einigen Minenschächten und der *Matilda Battery*.

– Der Aurora Track ist 4 Kilometer lang und führt in etwa 1,5 Stunden nach Logantown und zur *Aurora Creek Mine* in einer tiefen Schlucht.

– Der Kanuka Track ist mit 10 Kilometern Länge recht anspruchsvoll und sollte als Tageswanderung geplant werden. Der Weg führt von Logantown hoch in die Berge und sollte nur mit festem Schuhwerk, einer Karte und genug Proviant gegangen werden. Der Blick von oben über das Flusstal des Clutha River und Lake Dunstan lohnt die Anstrengung.

Die Geisterstädte und Minen sind zum größten Teil frei zugänglich und mit Informationstafeln versehen. Abgesperrte Eingänge und Tunnel sollten nicht betreten werden – Kinder bitte gut beaufsichtigen.

38. Isthmus Peak Track: schwer verdienter Traumblick über Lake Wanaka

Das Bild des einsamen Wanderers, der mit ausgebreiteten Armen auf einer vorspringenden Bergkuppe hoch über dem Lake Wanaka steht, wurde auf Facebook und Instagram bestimmt schon an die tausendmal geteilt. Was man darauf nicht sieht: Der Mount Roy Track ist inzwischen recht beliebt bei Touristen, allein steht man hier oben sicherlich nicht.

Eine gute Alternative oder auch ein weiterer toller Wanderweg in unmittelbarer Nähe von Wanaka ist der Isthmus Peak Track, der über 16 Kilometer (genau wie der Mount Roy Track) auf den gleichnamigen, 1385 Meter hohen Isthmus Peak führt. Vom *Stewart Creek Carpark*, der etwa 30 Minuten außerhalb von Wanaka liegt, läuft man am Flussbett des Stewart Creek entlang und folgt dann einem steilen, steinigen Weg, der sich auf einen schmalen Bergrücken hinauf windet. Oben angekommen, folgt man der Beschilderung und geht nach rechts bis zum Gipfel des Mount Isthmus.

Blick auf Lake Hawea

Nach dem kräftezehrenden Aufstieg genießt man einen atemberaubenden Rundumblick über Lake Wanaka und Lake Hawea, die sich links und rechts weit unten erstrecken. Und auch während des Auf- und Abstiegs kann man sich über mangelnden Ausblick nicht beschweren – die spiegelglatte, weite Wasserfläche des Lake Hawea hat man nahezu immer vor Augen bzw. hinter seinem Rücken.

Bonus: Diesen Anblick muss man sich mit niemandem teilen außer vielleicht dem Rotwild, das hier ohne Angst vor Menschen zwischen den Büscheln des Tussockgrases herumstakt. Und auf Instagram startet man mit dem Hashtag *#isthmuspeak* vielleicht einen neuen Trend?

Info

Lage: Wanaka ist eine Kleinstadt mit wachsender touristischer Bedeutung. Sie liegt am SH 6 und ist etwa 50 Kilometer von Cromwell oder 67 Kilometer von Queenstown entfernt.

Anfahrt: Von Wanaka aus fährt man auf dem SH 6 am Ufer des Lake Hawea 28 Kilometer nach Norden, bis zum *Isthmus Peak Track Carpark*. Von dort ist der Weg ausgeschildert.

Achtung: Der Weg wird vom DOC als *tramping route* eingestuft und ist entsprechend wenig markiert. Für Kinder ist der Track nicht geeignet. Hin- und Rückweg (auf demselben Weg) werden mit 5 bis 6 Stunden angegeben, man sollte daher zeitig starten!

Öffnungszeiten: immer; bei starkem Wind oder Regen schwierig zu laufen, da der Weg an der offenen Bergflanke verläuft.

Achtung: Dieser Track führt über privates Farmland, er ist von Mitte November bis Mitte Dezember (wenn die Hirschkühe Kälber bekommen) geschlossen.

Zwischen Mai und November kann es in dem Gebiet, durch das der Weg führt, zu Lawinenabgängen kommen. Vor der Wanderung sollte man sich im DOC Office oder online auf www.metservice.co.nz über die Wettervoraussage informieren und auf jeden Fall nur gut ausgerüstet starten.

Eintritt: nichts

Unterkünfte:
- *Kidd Bush Reserve DOC Campsite* direkt am Lake Hawea auf Wiese unter Bäumen, Standard-Kategorie, 40 Stellplätze ohne Stromanschluss, mit Koch-Unterstand, WC und (im Sommer) Wasseranschluss, keine Zufahrt im Oktober/November!, 8 NZD/Erwachsene, 4 NZD/Kinder ab 5 Jahren, vom SH 6 etwa 32 Kilometer nördlich von Wanaka rechts auf Meads Road abbiegen, um das Nordufer des Lake Hawea herum und bis zum Campingplatz weiterfahren; GPS: -44.4411771, 169.26180602.

39. Siberia Valley Track: das Beste vom Besten

Während sich das Örtchen Wanaka zunehmender Beliebtheit bei Reisenden erfreut und die Bergriesen des Mount Aspiring National Park von immer mehr Wanderern besucht werden, gibt es für Freunde der wirklich abgelegenen Natur auch hier noch versteckte Juwelen. Ein Highlight, das allerdings nicht ganz billig ist, dürfte die *Siberia Experience* sein.

Es kostet fast 400 Neuseelanddollar pro Person, aber dieses Geld ist sehr gut angelegt: Mit der *Siberia Experience* bucht man eine Tageswan-

Eine Wanderung durch das Siberia Valley: unbezahlbar

derung unter fachkundiger Führung, die etwa drei Stunden entlang des Siberia Stream ins Wilkin Valley führt. Um den anstrengenden und langen Hinweg abzukürzen, wird man im buttergelben Kleinflugzeug oder im Helikopter zum Startpunkt geflogen – und zurück geht es spaßig und stilecht im Jetboat auf dem Wilkin River nach Makarora.

Allein der Hin- und Rückweg sind somit schon ein Höhepunkt jeder Neuseeland-Reise. Die geführte Wanderung durch lichte Bergwälder und Wiesen, überragt von schneebedeckten Bergriesen, ist ebenfalls ein Genuss, der noch nicht einmal besonders anstrengend ist. Beim Durchwaten des eiskalten Siberia Stream bleiben sogar die Füße trocken,

wasserdichte Überschuhe stehen bereit. Vom Flusstal des Siberia River steigt der gut ausgebaute Weg über einen niedrigen Pass und führt dann wieder hinab in das Tal des Wilkin River. Von hier geht es sanft bergab bis zum Treffpunkt, wo das Jetboat wartet.

Per Jetboat zurück auf dem Wilkin River

Die Erfahrung absolut unberührter Natur ist noch ausbaubar: Von der *Siberia Hut*, wo die Tageswanderung startet, kann man auf eigene Faust auch zuerst zum Lake Crucible wandern. Diese sieben Kilometer lange Route hinauf an der Flanke des Mount Alba, wo ein eiskalter Bergsee mit echten Eisbergen wartet, ist ein wunder-

Echte Eisberge auf dem Lake Crucible

schöner Tagesausflug. Nach einer Übernachtung in der Hütte wird dann am nächsten Tag der Rückweg durch das Siberia Valley angetreten.

Info

Lage: Der Siberia Stream mündet an der Grenze zwischen Westcoast und Otago im nördlichen Teil des Mount Aspiring National Park in den Wilkin River, der bei Makarora in den gleichnamigen Fluss mündet und sich dann in den oberen Teil des Lake Wanaka ergießt.

Anfahrt: Makarora liegt am SH 6 am Nordufer des Lake Wanaka, etwa 64 Kilometer nördlich von Wanaka. Von Wanaka erreicht man Makararora auch mit dem *Atomic Shuttle,* das um 9 Uhr startet und um 15 Uhr wieder zurückfährt (Kosten: 50 NZD).

Kontakt: Die Flüge werden von *Southern Alps Air* angeboten, das Jetboat zurück von *Wilkin River Jets*. Buchung des *Tourpakets Siberia Experience* über Makarora Tourist Centre, Tel.: +64-3 443 4385/0800 345 666 (kostenlos innerhalb Neuseelands),
E-Mail: action@siberiaexperience.co.nz

Eintritt: Erwachsene zahlen für den Ausflug 385 NZD, Kinder von 3 bis 13 Jahren zahlen 299 NZD. Jüngere Kinder kommen kostenlos mit!

Das Jetboat und das Kleinflugzeug/den Helikopter kann man auch als Zubringer für andere Wanderungen buchen.

Unterkünfte:
• *Siberia Hut* ist eine vom DOC verwaltete Hütte mit 20 Betten, Wasseranschluss, Toiletten und Ofen. Kosten: 15 NZD/Erwachsene, 7,50 NZD/Jugendliche von 11 bis 17 Jahren (*Hut Tickets* müssen vorher gekauft werden!)

Siberia Wilderness Experience

Mit TravelEssence abseits der Massen reisen

Touristischen Urlaub gibt es überall. Das Besondere jedoch, das Exklusive und Individuelle, das entdeckt man am besten mit einem erfahrenen Insider an seiner Seite. TravelEssence ist spezialisiert auf Reisen nach Down Under. Der Neuseeland-Experte plant und realisiert maßgeschneiderten Individual-Urlaub mit handverlesenen Unterkünften, besonderen Aktivitäten und Begegnungen mit Einheimischen. So können die Gäste das andere Ende der Welt so authentisch wie möglich und abseits der ausgetretenen Pfade kennenlernen.

Ursprüngliche Landschaften, Aktivitäten mit den Maori und gemütliche Bed & Breakfasts oder stilvolle Lodges mitten in der Natur schaffen ein unvergleichliches Urlauberlebnis. Die neuseeländische Gastfreundschaft und exklusive Insidertipps runden den Aufenthalt ab.

Einer dieser Geheimtipps ist Makarora auf der neuseeländischen Südinsel mit der Region zwischen Queenstown und dem Fox Glacier. Die wilde Landschaft fasziniert mit dichten Wäldern, himmelhohen Bergen und ausgedehnten Flusstälern und lässt sich entlang des Makarora River mit dem Jetboat erkunden – ein Muss für Adrenalinjunkies. Spektakuläre Aussichten auf die umliegenden Berggipfel des Mount Aspiring National Park bieten sich auch bei einem Helikopter-Rundflug: *Die Siberia*

Wilderness Experience verbindet die Möglichkeit, Neuseeland zu Land, vom Wasser und aus der Luft zu erleben und kombiniert Jetboat-Fahrt und Helikopter-Flug mit einer Wanderung vorbei an den blauen Seen und schneebedeckten Bergen des Nationalparks. Ein besonderes Highlight: Zurück am Boden finden Besucher „Mittelerde" mit den Originalschauplätzen aus den „Der Herr der Ringe"-Filmen.

Silverpine Lodge: Gastgeber Mike mit Hund

Die Unterkünfte in der Makarora-Region sind genauso unverwechselbar wie die Landschaft. Mit einer Übernachtung in der *Silverpine Lodge* zwischen dem Lake Hawea und dem Lake Wanaka bleiben keine Wünsche offen. Die Gastgeber verwöhnen die Gäste mit ihren Kochkünsten, während diese die Aussicht auf die beeindruckenden Berge der Southern Alps genießen. Wer es rustikaler mag, aber dennoch nicht auf Luxus verzichten möchte, ist auf der *Makarora River Ranch* richtig. Die Farm inmitten der atemberaubenden Southern Alps bietet komfortable Unterkünfte auf Selbstverpflegungsbasis und ist der perfekte Ort um nachts den klaren Sternenhimmel oder ein BBQ auf der Terrasse zu genießen.

In der *Mahitahi Lodge* kommen Urlauber in den Genuss neuseeländischer Gastfreundschaft und erleben einen echten Kiwi-Klassiker: Gastgeber John führt seine Gäste zu den schönsten Punkten der Südinsel, ob zum Sonnenaufgang am Aoraki/Mount Cook oder auf eine Kajaktour durch den neuseeländischen Regenwald. Liebevoll restaurierte Cottages und Cabins mit Freiluftbadezimmern finden sich mit den Unterkünften von *Off the Mapp*, 45 Minuten südwestlich von Blenheim. Zahlreiche Wanderungen und Insidertipps machen den Aufenthalt hier zu einem echten Neuseeland-Abenteuer.

Bei einem ausführlichen Termin besprechen die TravelEssence Berater gemeinsam mit dem Kunden dessen Wünsche: In einem der Reisebüros in Frankfurt, Hamburg, Düsseldorf oder München, per Telefon oder auf Wunsch auch beim Kunden zuhause.

Mehr Infos unter: *www.travelessence.de*

40. Remarkables Road: die Mutter aller Straßen

Was Roadtrips angeht, verwöhnt Neuseeland seine Besucher ja ohnehin mit spektakulären Strecken an nahezu jeder Ecke. Eine Route, für die man definitiv einen Umweg machen sollte, wenn man nicht sowieso zum Skifahren hier hinauffährt, ist die 13 Kilometer lange Fahrt zur *Remarkables Ski Area.*

Auch ohne Schnee auf den Hängen und Skiausrüstung im Kofferraum ist die anstrengende Fahrt über die enge Serpentinenstraße hinauf zur *Remarkables Ski Lodge* absolut lohnenswert.

Mit einer maximalen Höhe von 1622 Metern über dem Meeresspiegel (oder 1300 Meter über dem Wasser des Lake Wakatipu, den man tief unten blau schimmern sieht) ist die Remarkables Road eine der höchstgelegenen öffentlichen Straßen in ganz Neuseeland – und mit ihren zahlreichen Serpentinen, die stark an Sa Calobra auf Mallorca erinnern, und vor allem den fehlenden Leitplanken definitiv eine der herausforderndsten!

Jede Kurve und jeder Tropfen Angstschweiß lohnen sich aber, denn schon nach den ersten Kilometern eröffnen sich unglaublich schöne

Blick vom Skigebiet Coronet Peak auf die Remarkables

Aussichts-Explosion auf der Remarkables Road

Ausblicke über Queenstown und seine gesamte Umgebung, die geradezu nach Schnappschüssen schreien. Gut, dass es immer wieder Haltebuchten und Picknickplätze an der Straße gibt.

Wer mehr sehen will, der sollte zwischendurch unbedingt aussteigen. Ein sehr lohnender Zwischenstopp ist etwa der kurze Weg zum *The Trig*: Von diesem kleinen Hügel am Rand der Straße öffnet sich ein sagenhafter Blick über den Lake Wakatipu, an dessen Ufern sich die Häuser von Queenstown erstrecken, und – noch schöner – die ineinanderfließenden, deutlich verschieden gefärbten Flussarme des Kawarau River und des Shotover River direkt unterhalb der Straße. Auf der gegenüberliegenden Seite des breiten Flusstals sieht man das Skigebiet am Coronet Peak.

Wer sich weiter nach ganz oben ins Skigebiet wagt, der kann dort im Winter hervorragend skifahren, im Sommer aber einige extrem lohnende kurze Wanderungen machen – also nur Mut und weiter hinauf!

Nur eine halbe Stunde läuft bzw. steigt man von der Lodge zum Lake Alta, einem kleinen, türkisblauen Bergsee, der als Überrest eines Gletschers unter dem 2300 Meter hohen Gipfel des Double Cone ruht. Der Blick auf den See und herunter vom See ist eine wahre Augenweide, die

Blick auf das Flugfeld von Queenstown und den Kawarau River

man sich höchstwahrscheinlich mit niemandem teilen muss – jedenfalls im Sommer. Wer im Winter herkommt, der kann Lake Alta dank des brandneuen *Curvey Basin* Skilifts nun bequem von oben bewundern, denn der Lift endet ganze 200 Meter über dem See.

Auf dem Weg zum Lake Alta passiert man den Abzweig zum Shadow Basin, und wer nicht genug Zeit oder Muskelschmalz für beide Wege hat, der steht nun vor einer unmöglichen Entscheidung. Denn auch dieser Weg, der zugegebenermaßen deutlich steiler und anstrengender ist, bietet an seinem Ende einen atemberaubenden Blick. Wer die 400 Höhenmeter auf der unwegsamen steinigen Skipiste nach oben gekraxelt ist, der sieht aus über 2000 Metern Höhe nahezu den gesamten Süden – Queenstown am Lake Wakatipu und unter dem Gipfel des Ben Lomond, den 2800 Meter hohen Mount Earnslaw bei Glenorchy und auch den Gipfel des Mount Christina im Fiordland National Park.

Auch wenn die Beine noch Tage später schmerzen werden: Dieser Ausblick gehört zu den besten, die man in Neuseeland bekommen kann. Und man wird ihn absolut allein genießen!

Info

Lage: Die Remarkables Road führt südlich von Queenstown in das Skigebiet *The Remarkables* hinauf. An der *Ski Lodge* endet sie, es gibt keine Möglichkeit zum Weiterfahren. Von Queenstown sind es etwa 35 Minuten. Für die Fahrt hinauf und wieder hinunter sollte man wenigstens zwei Stunden einplanen; mehr, wenn man noch wandern will.

Anfahrt: Von Queenstown auf dem SH 6 nach Süden fahren, vorbei an den Kawarau Falls, und nach etwa 10 Kilometern links auf die Remarkables Road abbiegen (das Skigebiet ist ausgeschildert). Von hier sind es 13 Kilometer bis zur *Ski Lodge*. Auf dem Parkplatz hält im Winter ein Busshuttle nach Queenstown und hinauf ins Skigebiet.

Achtung: Die Straße ist schmal, sehr kurvenreich und ohne Seitenbegrenzungen. Nur hinauffahren, wenn man sich das zutraut, und möglichst nicht mit großen Wohnmobilen.
NZSki hat die Remarkables Road komplett asphaltieren lassen. Die Zufahrt wurde damit deutlich einfacher, aber auch beliebter.

Öffnungszeiten: immer; bei Schneefall kann die Straße kurzfristig geschlossen sein, auch im Frühling und Herbst. Schneeketten sollten im Winter unbedingt mitgebracht werden.

Achtung: Lake Alta erreicht sein schönstes Blau im Winter. Im Sommer und Herbst ist das Wasser durch einfließendes Schmelzwasser aus dem Gletscher getrübt und der See sieht eher grau aus.

Eintritt: nichts
Wer nicht selbst hinauffahren will, kann von Queenstown mit dem *Snowline Express*, einem Shuttlebus, fahren. Hin- und Rückfahrt kosten 20 NZD, Start ist am *Snow Centre* (Duke Street 9 in Queenstown). Kontakt über *NZSki*, Tel.: 0800 697 547 (kostenlos innerhalb Neuseelands), E-Mail: info@nzski.com

Aktivitäten: Der etwa 900 Meter lange Abzweig zum *Trig* kommt etwa auf halber Strecke der Remarkables Road, gegenüber einer Haltebucht. Zum Lake Alta und zum Shadow Basin führen markierte Wege die Skipisten hinauf; im Winter kann man einen Teil der Wege mit den Skiliften einsparen, im Sommer sind dieser leider nicht in Betrieb.

Unterkünfte: Im brandneuen, superschicken *Base Building* an der Talstation des neuen *Curvey Basin* Skilifts gibt es drei Cafés und Restaurants, darunter eine Eisbar. Übernachten kann man hier oben leider nicht.

41. Moke Lake bei Queenstown: Enjoy the silence

Dass es so etwas noch gibt, in direkter Nähe zum Touristenmekka Queenstown, wo sich die Backpacker auf der Suche nach Adrenalin-Aktivitäten gegenseitig auf die Füße treten! Nur wenige Minuten außerhalb der Stadt kehrt grandioses Schweigen ein. Zwischen ringsum hoch aufragenden Bergen und weiten, offenen Wiesen liegt das stille Wasser des Moke Lake. Und sonst: nichts.

Auf dem DOC-Campingplatz am Moke Lake, einem kleinen, wie ein Hufeisen geformten See zwischen den Gipfeln der Richardson Range, gibt es nicht viel zu tun, außer tagsüber die Ruhe zu genießen und nachts den gewaltigen Sternenhimmel. Hin und wieder hört man ein Schaf oder man sieht irgendwo am Horizont eine Gruppe von Reitern.

Auf dem Wasser des Sees donnern keine Jetskis, keine geschäftigen Kajaker paddeln vorbei und mangels BBQ-Stelle gibt es auch keine Kiwi-Familienpartys. Nicht einmal badende Kinder stören die Idylle – dafür ist das Wasser des Sees zu kalt und der Einstieg ohne Strandbereich macht auch keinen Spaß. Die Zufahrt über die acht Kilometer lange geschotterte, von Viehgattern unterbrochene Straße dient ebenfalls effektvoll der Abschreckung zu vieler Gäste.

In der Hauptsaison ist man hier oben trotzdem leider nicht mehr allein. Zu viele Menschen haben inzwischen vom Moke Lake gehört, oder sie stellen ihre Campervans notgedrungen hier ab, weil das geschäftige

Moke Lake: Hier will man nicht mehr weg

Queenstown und die nahe *12 Mile Delta Campsite* im Sommer buchstäblich voll sind. Die rudimentären Anlagen des kleinen DOC-Campingplatzes am nördlichen Ufer des Sees sind denn auch mit mehr als zwanzig Gästen heillos überlastet. Mehr als ein Toilettenhäuschen und einen Koch-Unterstand gibt es nicht.

Trotzdem: Die Stille und die schlichte Grandiosität der Kulisse können auch die Menschen nicht wirklich zerstören. Kindergeschrei, Lagerfeuerlachen und Gitarrenklänge werden unter dem weiten Himmel ganz leise. Und wenn man einmal hier war, dann will man nicht mehr weg.

Info

Lage: Moke Lake liegt etwa 17 Kilometer westlich von Queenstown, 9 Kilometer nördlich des Vororts Closeburn. GPS: -44.99811782, 168.57308923

Anfahrt: Etwa 7 Kilometer außerhalb von Queenstown auf der Straße in Richtung Glenorchy zweigt die kleine Moke Lake Road steil nach rechts ab. Dann geht es weitere 7 Kilometer zunächst sehr steil und kurvig bergauf, vorbei am Lake Kirkpatrick, mit mehreren in den Boden eingelassenen Viehgattern – langsam fahren!

Öffnungszeiten: immer; es sind 50 Stellplätze verzeichnet, der Campingplatz ist aber weder umzäunt noch sind die Stellplätze markiert. Es gibt ein Plumpsklo, einen Wasseranschluss und einen Unterstand zum Kochen.

Achtung: Hier oben kann es schon im Frühherbst nachts empfindlich kalt werden. Im Winter ist die Zufahrt nur für Vierradantriebe zu empfehlen.

Eintritt: nichts; wer über Nacht bleibt, muss die Gebühren für den Campingplatz bezahlen (13 NZD/Erwachsener, 6,50 NZD/Kinder von 5 bis 17 Jahren). Der DOC Warden kommt abends oder frühmorgens und sammelt das Geld der Campinggäste ein.

Aktivitäten: Am westlichen Rand des Campingplatzes beginnt ein einfacher, kindertauglicher Rundwanderweg um den See, der auf 7 Kilometern in 2 bis 3 Stunden mit moderaten Steigungen erst durch ein kleines Feuchtgebiet und dann über die Bergwiesen gegen den Uhrzeigersinn rund um den Moke Lake führt. Tipp: Wer ein Mountainbike dabei hat, kann diese Strecke hervorragend fahren.

Außerdem bieten sich Ausflüge ins nahegelegene Queenstown oder nach Glenorchy an.

42. Routeburn Track: in der Kürze liegt die Würze

Der Routeburn Track genießt nicht umsonst Weltruhm bei Wanderern; er gehört zu den schönsten Routen Neuseelands und führt durch die fantastisch unberührte, vielfältige Natur des sagenumwobenen Fiordland. Leider ist der Routeburn Track mehrere Tage lang, recht anstrengend und die Hütten zum Übernachten sind im Sommer neuerdings oft ausgebucht. Für lauffaule Neuseeland-Besucher (oder Familien) bietet sich zum Glück eine kürzere Alternative an.

Die erste Etappe des Routeburn Track führt über die Routeburn Flats

Die Great Walks werden Neuseeland-Besuchern interessanterweise immer als Mehrtageswanderungen vorgestellt, dabei kann man fast jeden von ihnen auch in einer verkürzten Tagesvariante entdecken. Am besten funktioniert das mit dem Abel Tasman Coast Track, wo man jedes Etappenziel per Wassertaxi erreichen kann. Aber auch der Routeburn Track lässt sich zu einer wunderschönen Tageswanderung abkürzen.

Die erste Etappe des drei- bis viertägigen Great Walk führt von der schmalen Nordseite des Lake Wakatipu aus am Flusslauf des Route-

Blick von der Routeburn Falls Hut

burn River aufwärts durch ein enges, dicht bewaldetes Tal, vorbei an den Bridal Veil Falls. Nach dieser Steigung kommt man auf die Forge Flat, wo die Überreste einer Schmiede zu sehen sind. Durch das immer breiter werdende, grasbewachsene Tal führt der Weg dann zwischen den schneebedeckten Gipfeln der Humboldt Mountains weiter zur *Routeburn Flats Hut*, dem ersten Etappenziel, wo 20 Schlafplätze auf müde Wanderer warten.

Diese sieben Kilometer mit geringer Steigung und ehrlich gesagt geringer Spektakularität sind für einen Tagesausflug aber noch lange nicht genug! Von hier aus sollte man unbedingt noch ein Stück weiterlaufen, und zwar zur *Routeburn Falls Hut*. Nur wenige Meter nach Passieren der *Routeburn Flats Hut* steigt der Weg steil an und es eröffnen sich endlich die traumhaften Panoramen, wegen derer man hergekommen ist.

Die beiden Hütten der *Routeburn Falls Hut* liegen 972 Meter über dem Meeresspiegel. In den 1980er-Jahren riss ein Erdrutsch den Wald links und rechts des Weges fort, weshalb man heute von hier oben einen ungehinderten Blick auf das gesamte Routeburn Valley hat, durch das man hergekommen ist und durch das sich die verzweigten Arme des Routeburn River schlängeln.

Getoppt wird das Ganze durch die Gipfel der über 2000 Meter hohen Mount Somnus und Mount Momus sowie durch die Routeburn Falls, die direkt neben den Hütten aufschlagen und mit mehreren Becken zum Baden einladen. Allein wird man hier im Sommer leider nicht sein, also an Badesachen denken!

Statt nun die Nacht mit etwa 50 Wanderern, deren müffelnden Socken und nächtlichem Husten verbringen zu müssen, läuft man einfach wieder zurück zum Carpark und freut sich über diese schöne Tageswanderung. Zu Hause muss man ja nicht erzählen, dass man den Routeburn Track nicht in seiner vollen Länge gelaufen ist …

Das Routeburn Valley von oben

Die Routeburn Falls

Info

Lage: Der 32 Kilometer lange Routeburn Track führt vom Nordufer des Lake Wakatipu in zwei bis vier Etappen zur Milford Road, also vom Mount Aspiring National Park hinüber in den Fiordland National Park. Der Track lässt sich in beiden Richtungen laufen; von der Queenstown-Seite aus beginnt er am *Routeburn Shelter*. Der Carpark ist etwa 30 Minuten von Glenorchy entfernt und gut ausgeschildert.

Anfahrt: Von Glenorchy aus etwa 26 Kilometer nach Norden fahren, die letzten 10 Kilometer der Straße sind geschottert.

Tipp: Auf der Fahrt kommt man durch das Dart River Valley und entdeckt dabei mit etwas Fantasie die Stelle, an der Sarumans Turm in Isengard steht – die Rede ist natürlich vom *Herr der Ringe*-Epos, das der Gegend um Glenorchy viele Szenen zu verdanken hat.

Der Weg zur *Routeburn Falls Hut* und wieder zurück (insgesamt 18 Kilometer) braucht etwa 5 bis 6 Stunden, Badezeit nicht mitgerechnet.

Öffnungszeiten: immer; ohne Übernachtung in den Hütten muss man weder etwas vorbuchen noch bezahlen. Stattdessen kann und sollte man sich einen Tag mit schönem Wetter für diese Wanderung aussuchen, um an den Routeburn Falls baden zu können.

Eintritt: nichts

Tipp: Außerhalb der Hauptsaison, zwischen Anfang Mai und Ende Oktober, können die Hütten des Routeburn Track auch ohne Reservierung genutzt werden. Man benötigt dann die entsprechende Zahl von *Backcountry Hut Tickets* (à 15 NZD/Erwachsene ab 18 Jahren). Allerdings sind dann auch keine Ranger, kein fließendes Wasser und kein Feuerholz mehr auf den Hütten, die Brücken über Flüsse werden entfernt und die Gefahr von Schlechtwetter, Lawinen und Erdrutschen steigt. Vor dem Start sollte man sich gründlich im Visitor Centre in Queenstown oder Te Anau beraten lassen und Bescheid geben, wann man die Wanderung machen will.

Unterkünfte:

• In den Hütten auf dem *Great Walk* und auf dem *Routeburn Carpark* darf man ohne Buchung nicht übernachten, auch Camping ist nicht gestattet. Der nächste Campingplatz (10 Minuten Fahrt vom *Routeburn Shelter*) ist der *Lake Sylvan Campground* am Ufer des Routeburn River (*Scenic*-Kategorie, 6 NZD/Erwachsene, 3 NZD/ Kinder ab 5 Jahren) mit Toilette und Restaurant/Dusche in der nahegelegenen *Kinloch Lodge*.

Southland

Die Catlins sind ein ganz besonderer Landstrich

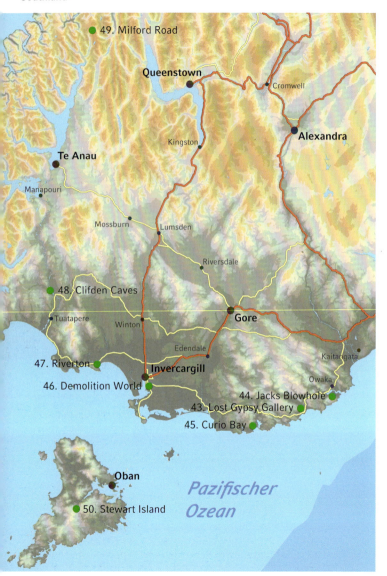

49. Milford Road

Queenstown

Cromwell

Alexandra

Kingston

Te Anau

Manapouri

Mossburn

Lumsden

Riversdale

48. Clifden Caves

Tuatapere

Winton

Gore

47. Riverton

Edendale

Kaitangata

46. Demolition World

Invercargill

Owaka

44. Jacks Blowhole

43. Lost Gypsy Gallery

45. Curio Bay

Oban

Pazifischer Ozean

50. Stewart Island

43. Lost Gypsy Gallery: verrückte Catlins

Was muss im Kopf von Blair Somerville abgehen? Die Frage stellt sich unweigerlich jedem, der die verrückten Maschinchen und Konstruktionen in Somervilles fantastischem Reich, der *Lost Gypsy Gallery*, zu Gesicht bekommt. In einem kleinen Nest mitten in den Catlins, irgendwo am Wegrand, wartet ein künstlerisches Wunderland – und es gibt guten Kaffee!

Der „Mail Whale" - haha

Die Überraschung ist groß, wenn man im Vorbeifahren die Gestalt mit dem verlockenden Schild *„Curious?"* am Wegrand stehen sieht – und dann bemerkt, dass es sich um eine ausstaffierte Schaufensterpuppe handelt. Der nächste Blick gilt dann sicherlich dem Wellblech-Wal auf dem kleinen Vorplatz, dann reibt man sich verwundert die Augen, weil man die Easy-Rider-Figur auf dem aufgemotzten Schrottfahrrad als Schafsskelett identifiziert hat – und zwar mit Sonnenbrille.

Spätestens jetzt ist es beschlossene Sache, dass man sich mal kurz umsieht. Steigt dann der Geruch von frisch gemahlenem Kaffee in die Nase, der hier unten in den Catlins noch Seltenheitswert hat, bleibt man gern ein wenig länger. Und wenn jetzt noch der Herr der *Lost Gypsy Gallery* persönlich erscheint, um einen herumzuführen, kann das kleine Päuschen tagesfüllend werden.

Eltern müssen in Blair Somervilles Reich gut aufpassen: Viele seiner Kreationen laden zwar zum Ausprobieren ein – und bergen dabei so manche Überraschung! –, aber eben nicht alle. Und Kinderhände sind manchmal

Der namensgebende Lost Gypsy?

zu grob für die feinen Drahtgestelle und Hebelwerke, die der Erfinder unermüdlich aus Strandgut jeglicher Art zu Apparaten mit und ohne Zweck zusammenschraubt. Das Warnschild am Eingang zu seinem Wohn-Kunst-Raritäten-Wagen mit Atelier scheint die einzige von Somervilles Kreationen zu sein, die er todernst meint.

Eine Besichtigungstour durch den zum Showroom umgebauten uralten Reisebus gibt es kostenlos, der Eintritt in das dahinter liegende *Winding Thoughts Theatre* ist mit 5 NZD sehr erschwinglich. Und was man in diesem Garten der wirren Ideen so vorfindet, ist das Geld allemal wert.

Feste Öffnungszeiten kann man einem kreativen Kopf wie Blair Somerville nicht zumuten; es bleibt also Glückssache, ob die *Lost Gypsy Gallery* gerade geöffnet ist, wenn man vorbeischaut. Wiederkehrende Besucher freuen sich oft über neue Maschinen oder Umbauten, es hat also durchaus etwas Gutes, wenn man hier vor verschlossenen Türen steht.

Und den verlockenden Knopf mit der Aufschrift „*Life is full of temptations. This button is one of them*" kann man auch dann drücken; er funktioniert immer!

... aber Vorsicht, liebe Kinder!

Info

Lage: Die *Lost Gypsy Gallery* liegt am Southern Scenic Highway auf der Höhe der winzigen Ortschaft Papatowai, etwa 55 Kilometer süd-östlich von Balclutha.

Anfahrt: Von Balclutha auf dem Owaka Highway 30 Kilometer bis nach Owaka fahren, dort leicht rechts auf Papatowai Highway 26 Kilometer bis Papatowai fahren. Die *Lost Gypsy Gallery* liegt am rechten Straßenrand. Ab Owaka bietet sich ein Abstecher über Jack's Blowhole und die Purakaunui Falls an.

Öffnungszeiten: Laut Blair ist die *Lost Gypsy Gallery* im Sommer täglich außer mittwochs von 11 bis 17 Uhr geöffnet; darauf pochen sollte man aber nicht.

Eintritt: nichts; das *Winding Thoughts Theatre*, eine Art Freiluft-Galerie, kostet 5 NZD Eintritt.

Unterkünfte:

- Direkt am Strand von Papatowai liegt die *Papatowai DOC Campsite*, Standard-Kategorie, 116 Stellplätze ohne Strom, mit behinderten-gerechtem WC, kleinem Shop, Kochgelegenheit und Wasseran-schluss, 8 NZD/Erwachsene, 4 NZD/Kinder von 5 bis 17 Jahren, GPS: -46.56074723, 169.4699424

44. Jack's Blowhole: viel Lärm um nichts?

Da läuft man nichts ahnend durch den dichten neuseeländischen *bush*, und plötzlich schießt mit gewaltigem Donnern eine Wasserfontäne aus dem Waldboden herauf. Kein Wunder, dass man sich da mächtig erschreckt und eine ordentliche Salve von Flüchen loslässt. Genau daher hat diese natürliche Attraktion angeblich ihren Namen: von einem Maori-Chief, der für sein aufbrausendes Temperament bekannt war.

Ob diese Geschichte nun stimmt oder nicht, ist eigentlich nicht wichtig. Wichtig ist, dass man besser vorsichtig auftritt, wenn man durch den Küstenwald in der Nähe von Owaka läuft, denn hier tut sich wirklich unvermittelt eine 150 Meter lange und an die 50 Meter tiefe Spalte im Boden auf. Diese ist durch einen unterirdischen Höhlengang mit dem Meer verbunden.

Bei genügend Wellengang – und der ist in den sturmzerzausten Catlins fast immer gegeben – schießen die stärksten Brecher dann mit solcher Kraft in den Tunnel, dass 200 Meter landeinwärts, mitten im Urwald, eine Salzwasserwoge aus dem Boden hervorbricht.

Zwar sieht das lange nicht so spektakulär aus wie die *Blowholes* in Punakaiki an der Westcoast, aber für die eher gemütlichen Catlins ist es Attraktion genug, um kräftig vermarktet zu werden.

Auf dem Weg zu Jack's Blowhole

Spektakulärer als das Ziel ist hier der Weg; denn der führt vom Besucherparkplatz in etwa 30 Minuten zuerst mitten über einen grünen Hügel voller Schafe (die sich herrlich durch die Gegend scheuchen lassen) und bietet von dessen Kuppe aus einen wunderschönen Blick über die ganze Küstenlinie – auf die von felsigen Klippen (mit echten *Blowholes*!) umrahmte Jack's Bay, dahinter auf Surat Bay und Cannibal Bay, wo sich sonnenbadende Seelöwen als schwarze Würstchen im Sand erahnen lassen, und bei guter Sicht sogar nach Norden bis zum Nugget Point.

Der Abstecher zu Jack's Blowhole ist also nichts, was einen umhaut – aber eine sehr angenehme kurze Wanderung mit schönen Ausblicken, die sich genau in ein Schönwetterfenster einpassen lässt. Und der Blick von der Holzplattform hinunter in das schäumende Blowhole ist besonders für Kinder aufregend genug ;-)

Info

Lage: Jack's Blowhole liegt etwa 10 Kilometer südwestlich von Owaka im *Tunnel Rocks Scenic Reserve* in den Catlins. Der Weg hin und zurück dauert etwa eine Stunde und steigt nur sanft an. Bis auf die zu übersteigenden Viehzäune ist er Buggy-tauglich.

Anfahrt: Jack's Blowhole Track erreicht man von Owaka über die Pounawea Road und die Hinahina Road, die den Catlins Lake überquert und von der nach 6 Kilometern die Jack's Bay Road nach rechts abzweigt. Der Weg zum Blowhole ist mit farbigen Holzpfosten markiert und führt über privates Farmland mit einigen Viehzäunen, die überstiegen werden müssen.

Das Blowhole selbst ist sicher umzäunt, für Kinder besteht keine Gefahr.

Öffnungszeiten: immer; am eindrucksvollsten ist das Blowhole bei Flut, starkem Wind und entsprechendem Seegang.

Eintritt: nichts

Unterkünfte:
- Die wunderschöne *Purakaunui Bay DOC Campsite* liegt 18 Kilometer südlich des Besucherparkplatzes an der gleichnamigen Bucht: Standard-Kategorie, 40 Stellplätze ohne Strom, behindertengerechtes WC, 8 NZD/Erwachsene, 4 NZD/Kinder, GPS: -46.54501713, 169.61183024

45. Curio Bay: 1 Paradies, 2 Seiten

Ganz im Süden zeigt die Südinsel den wenigen Besuchern, die sich hierher verirren, ein anderes Gesicht: Mit windzerzausten Schafweiden und einem an schwarze Klippen peitschenden Ozean, mit dichten Regenwäldern voller Wasserfälle und mit goldenen Stränden, an denen sich dicke Seebären aalen und neugierige Delfine aus den Wellen springen. Die raue Schönheit der Catlins ist nichts für schnelle Durchfahrer, aber sie verzaubert diejenigen, die sich Zeit nehmen.

Der eiskalte Wind, der direkt aus der Antarktis zu kommen scheint, lässt es in den Catlins nie richtig Sommer werden – auch wenn das die Kiwis nicht zu stören scheint, die hier bei 13° Celsius im Dezember barfuß, in Shorts und Pudelmütze herumlaufen. Bei beängstigendem Wellengang werfen sie sich unbeirrt in ihren Wetsuits in das Wasser der Porpoise Bay, um zu surfen. „*Sweet as!*"

Camping in einem Meer von Flax

Begeistert empfangen werden sie von einer Schule von Hector-Delfinen, die in der halbmondförmigen Bucht nahe Waikawa ihr Dauerquartier aufgeschlagen haben – das erzählt jedenfalls der Verwalter des Campingplatzes, der hinter den Dünen der Porpoise Bay in einem Meer von raschelnden Flax-Büschen angelegt ist.

Die solcherart vor dem stetigen Wind geschützten und versteckten Zelte und Campervans schauen aber nicht nur auf die sanfte, sandige Biegung der Porpoise Bay und ihre Meeresbewohner. Auf der anderen Seite der schmalen

Die Attraktion: Gelbaugenpinguine!

Versteinerte Baumstämme liegen im Boden der Curio Bay

Landzunge, auf der die Campsite liegt, können sie einen ganz anderen Anblick genießen: Dem offenen Meer zugewandt, trotzen hier die schwarzen Granitfelsen der Curio Bay den endlosen Brechern.

Hier fühlt sich eine andere Gruppe von Meerestieren sehr wohl. Abend für Abend kommen während der Brutzeit die endemischen und sehr seltenen Gelbaugenpinguine an Land gewatschelt, um ihren Küken frischen Fisch zu bringen. Dabei hopsen sie geschickt und überraschend schnell über die von der Ebbe freigelegten Felsen, unbeeindruckt von den neugierigen Zuschauern, die ebenfalls Abend für Abend vom Campingplatz heruntersteigen.

Dabei klettern die Pinguin-Fans nicht nur über Steine. Wer genau hinschaut (oder die Infotafeln am Zugang zu diesem Strandbereich liest), der erkennt zahlreiche Baumstämme, die wie in den Stein eingemeißelt aussehen. Tatsächlich wurden diese Bäume vor 180 Millionen Jahren, als Neuseeland noch Teil des Superkontinents Gondwana war, bei einem Vulkanausbruch unter einer Ascheschicht begraben und versteinerten.

Nicht stolpern: Da liegt ein Seelöwe herum!

Auch aus den senkrechten Klippen der Curio Bay ragen überall fossile Baumstämme heraus.

Es gibt also viel zu entdecken in der Curio Bay. Manchmal wartet sogar eine richtig aufregende Überraschung: Die hier lebenden Seelöwen fühlen sich so wohl, dass sie gern direkt auf dem Campingplatz spazierengehen und hin und wieder sogar in die Zelte hineinschauen. Man sollte also besser keinen Fisch herumliegen lassen ...

Info

Lage: Curio Bay liegt in den Catlins, etwa 90 Kilometer östlich von Invercargill über die Southern Scenic Route.

Anfahrt: Der Campingplatz liegt am Ende der Waikawa–Curio Bay Road, etwa 6 Kilometer südlich von Waikawa. In Balclutha verlässt man den SH 1 und fährt etwa 100 Kilometer bzw. 1,5 Stunden an der Küste entlang nach Südwesten. Die letzten Kilometer sind geschottert, aber gut fahrbar.

Öffnungszeiten: immer
Die Gelbaugenpinguine kommen im Sommer zwischen 16 und 18 Uhr an Land, etwa 30 Meter links von der Aussichtsplattform über dem *petrified forest*. Den versteinerten Wald kann man nur bei Ebbe sehen, sonst liegt er unter Wasser. Und um mit den Hector-Delfinen schwimmen zu können, passt man am besten einen (relativ) warmen Tag ab.

Eintritt: nichts

Aktivitäten: In der Nähe des Campingplatzes kann man Surfbretter und Wetsuits leihen, was die Grundvoraussetzung für ein inoffizielles *Swimming with Dolphins* ist. Kontakt: www.catlins-surf.co.nz

Achtung: Delfine sind trotz ihrer Zutraulichkeit wilde Tiere. Nehmen sie von selbst Kontakt auf, ist es in Ordnung, ansonsten wird ein Mindestabstand von 30 Metern empfohlen. Auch die Gelbaugenpinguine sollten trotz ihrer Niedlichkeit nur aus gebührendem Abstand bewundert werden. Dass man die Seelöwen besser in Ruhe lässt, davor warnen mehrere Schilder auf dem Campingplatz.

Unterkünfte:
- *Curio Bay Holiday Park* mit kleinem Shop, Duschen und Gemeinschaftsküche, *powered site* 18 NZD/2 Erwachsene, Curio Bay Road, Waikawa, Tel.: +64-3 2468897, www.curiobayholidaypark.com

46. Demolition World: Invercargills ungewöhnlichster Ort

Reisende, die es nach Invercargill verschlägt, wollen hier in der Regel nur Vorräte aufstocken, bevor es in die Catlins oder ins Fiordland weitergeht. Die wenigsten nehmen sich Zeit, um das wirtschaftliche und kulturelle Zentrum des Southland zu entdecken. Dabei gibt es hier nicht nur viktorianische, (neo-)barocke und Art-déco-Gebäude, moderne Architektur und den wunderschönen Queens Park zu bestaunen.

Die verrückteste Attraktion von Invercargill liegt am Stadtrand: Hier wartet die *Demolition World*, die gleichzeitig ein gigantisches Lager an gebrauchten Bauteilen und eine Art Freiluftmuseum ist; aber eines der ganz anderen Art. Besucher berichten mit einer Mischung aus Faszination und Grauen von der absolut wahnsinnigen Sammlung aus Fundstücken, Kram und Raritäten.

Ein Freiluftmuseum der anderen Art

Alle „Ausstellungsstücke" stammen aus Haushaltsauflösungen und Gebäudeabrissen – eben das tägliche Brot einer Abrissfirma. Seit 30 Jahren betreiben David und Lee Fallow ihr erfolgreiches Unternehmen in Invercargill. Nebenbei sammeln sie die ungewöhnlichsten Funde aus ihren Abriss-Aufträgen, verkaufen begehrte Bauteile weiter (wir erinnern uns: in Neuseeland gibt es kein IKEA) und stellen den Rest aus.

Ein Sammelsurium an alten Schätzen ...

Und zwar originalgetreu im *Vintage Village*, einem kleinen Dorf von abgerissenen und wieder aufgebauten Hütten und Häusern, die so gruselig-echt aussehen, dass sie regelmäßig als Kulissen für Filmdrehs verwendet werden. Auch die eine oder andere Party von Steampunk-Fans findet hier statt, die es aus Oamaru nicht weit haben (siehe Seite 130). Mangels echter Bewohner hat Lee Fallow „ihr" Dorf mit einer Armee aus Schaufensterpuppen besiedelt, die in der alten Kirche, in einem Klassenzimmer und den vielen Geschäften ihrer Arbeit nachgehen – von den Kindern bis zu den alten Ladys allesamt stilgerecht eingekleidet.

Und weil David und Lee selbst Familie haben, wurde das *Vintage Village* kürzlich mit einem Spielplatz ausgestattet – natürlich passend zum Vintage-Konzept, aber vertrauenerweckend stabil. Ob mit oder ohne Kinder, diese verrückte Zeitreise sollte man sich nicht entgehen lassen!

...und historischen Artefakten

Schmuckes Invercargill

Info

Lage: Das Gelände der *Demolition World* befindet sich im Süden von Invercargill, im Stadtteil Clifton in der Bain Street 290.

Anfahrt: Aus dem Stadtzentrum auf dem SH 1 in Richtung Bluff nach Süden fahren und nach etwa 6 Kilometern links auf die Avon Road abbiegen, dann rechts auf die geschotterte Bain Street. Die *Demolition World* ist ausgeschildert. Öffentliche Verkehrsmittel fahren hier nicht, die nächste Bushaltestelle ist gut 1,5 Kilometer entfernt.

Öffnungszeiten: montags bis freitags von 10 bis 18 Uhr, samstags von 9:30 bis 13 Uhr, vom 15. Dezember bis zum 23. Januar geschlossen!

Kontakt: Tel.: +64-3 216 2441, E-Mail: lee@demoworld.co.nz, Website: www.demoworld.co.nz

Eintritt: nichts; eine Spendenbox wartet am Ausgang, und man kann im Shop zahlreiche Second-hand-Kleinigkeiten kaufen.

47. Te Hikoi Southern Journey: die lange Geschichte von Riverton/Aparima

Das raue, menschenleere Southland ist vor allem für seine Natur bekannt und beliebt. Dabei ist es eigentlich die Wiege der modernen Geschichte Neuseelands. Wer die Zeit übrig hat und zwischen den wilden Stränden und den tiefen Fjorden mal etwas weniger Grandioses anschauen mag, dem sei die *Southern Journey* im Örtchen Riverton/Aparima ans Herz gelegt.

Die Riviera des Southland

Heutige Reisende kommen vor allem nach Neuseeland, um seine Naturwunder zu genießen, und preisen die paradiesische Abgeschiedenheit.
Die ersten Menschen, die den weiten Seeweg aus England, Schottland
oder auch China auf sich nahmen, hatten dagegen handfeste wirtschaftliche Gründe für ihre Reise.

Neuseeland winkte als Eldorado voller unentdeckter Rohstoffe und
Schätze, und die Menschen kamen in Scharen: Sie suchten Gold, Kauri-
Holz und Weideland, sie jagten Wale und Robben. Fast zeitgleich grün-

So sah es beim Walfänger zu Hause aus ...

... und so bei der Arbeit

deten sich die ersten Siedlungen in Neuseeland: in Russell auf der Nordinsel und in Riverton auf der Südinsel. Natürlich waren die europäischen Pioniere nicht die ersten, die sich Neuseeland untertan machen wollten – sie trafen auf die Maori, die hier schon mehr als 500 Jahre eher angekommen waren. Riverton war vorher ein *pa* der Maori namens Aparima gewesen und zählt somit im doppelten Sinne zu den ältesten bewohnten Orten des Landes.

Wie sich die ersten Jahre und Jahrzehnte in dieser Zeit anfühlten, erzählt das unscheinbare *Heritage Museum* in einem erstaunlich lebendigen Ansatz. Miterleben und nachfühlen heißt die Devise der kleinen, aber sehr feinen Ausstellung im Visitor Centre von Riverton. Gleich am Anfang steigt man in ein Boot und fährt mit dem Walfänger Jacky Price und seiner Maori-Frau hinaus aufs Meer – ein interaktives Schmankerl, das von keinem geringeren als den *Weta Workshops* stammt.

Persönliche Geschichten von Zeitzeugen, die man in Video-Einspielungen und sogar mit Unterstützung von „echten" Darstellern nacherlebt, zeichnen ein facettenreiches Bild von der langen Geschichte des Südens. Gut ausgesuchte und spannend präsentierte Artefakte ergänzen die Ausstellung, die einen weiten Bogen von der Besiedlung durch die Maori bis zum Zweiten Weltkrieg schlägt, ohne einmal langweilig zu werden – auch wenn man nicht so gut Kiwi-Englisch versteht.

Das preisgekrönte Museum liegt praktisch an der Southern Scenic Route und ist einen Abstecher auf dem Weg ins Fiordland durchaus wert. Auch wenn es vielleicht nicht das beste Museum Neuseelands ist, wie die Werbung am Fenster verspricht, so ist es doch eines der besten.

„Pahi" heißt die Skulptur vor dem Museum

Info

Lage: Riverton liegt etwa 35 Kilometer westlich von Invercargill am SH 99 (Southern Scenic Route), an der Mündung des Aparima River. Die Southern Journey befindet sich im Visitor Centre an der Palmerston Street 172.

Anfahrt: Von Invercargill 7,5 Kilometer auf dem SH 6 nach Norden fahren, dann links auf den SH 99 abbiegen und 30 Kilometer nach Westen fahren bis Riverton. Das Museum liegt am rechten Straßenrand, direkt vor der Brücke über den Jacob's River.

Öffnungszeiten: täglich außer Karfreitag und Weihnachten 10 bis 16 Uhr (im Sommer bis 17 Uhr)

Eintritt: 8 NZD/Erwachsene ab 14 Jahren, Kinder zahlen nichts

Kontakt: Tel.: +64-3 234 8260, E-Mail: carole.tehikoi@xtra.co.nz, Website: www.tehikoi.co.nz

Unterkünfte:

• Wer so lange im Museum bleibt, dass er übernachten muss, der findet im *Riverton Holiday Park* am Stadtrand, hoch über dem Meer einen guten Platz. Bungalows, Wohnwagen und 18 Stellplätze für Campervans, Duschen kostenlos, Gemeinschaftsraum mit Kamin, *powered site* 32 NZD/2 Erwachsene, Richard Street 43, Tel.: +64-3 234 8132, Website: www.rivertonholidaypark.co.nz

48. Clifden Limestone Caves: nichts für Weicheier!

Typisch Neuseeland: Da gibt es ein weit verzweigtes Höhlensystem, komplett mit *glow-worms* und Stalaktiten, und man kann einfach so hineingehen. Kostenlos und auf eigene Gefahr. Und die ist nicht zu verachten, will man die gesamte Höhle durchqueren.

Was in Deutschland undenkbar wäre, ist in Neuseeland ganz normal: Eine Höhle, die nur mit beträchtlichem Verantwortungsbewusstsein und Wissen um die eigenen Fähigkeiten durchquert werden kann und sollte, ist für die Öffentlichkeit frei zugänglich und wird vom DOC sogar als schöne Gelegenheit für einen Familienausflug angepriesen.

Glow-worms in den Clifden Caves

Der Weg durch die finstern Gänge ist mit orangefarbenen Dreiecken markiert, und denen sollte man exakt folgen – ein falscher Abzweig, und man stürzt in tiefe Spalten oder verirrt sich. Erfahrene Höhlenkletterer treffen sich in den Clifden Caves zum Abseilen und Klettern.

Verblüffenderweise wird die Höhle touristisch kaum beworben; sie gehört zwar zu den *101 Must dos for Kiwis*, die jedes Jahr vom neuseeländischen Automobilclub herausgegeben werden, aber meistens ist man hier allein. Im 19. Jahrhundert scheinen die Höhlen eine beliebte Freizeitattraktion gewesen zu sein; das ist jedenfalls den zahlreichen Graffitis und Reliefs zu entnehmen, die Teile der trockeneren Höhlenwände „verzieren".

Um durch die gesamte Länge der Clifden Caves zu gelangen, braucht man gut zwei Stunden – und die verbringt man in kompletter Dunkelheit, in der man sich auf Händen und Knien durch enge Spalten quetschen, auf schmalen Felsvorsprüngen balancieren, auf Leitern steigen und zur Krönung durch einen eiskalten (und angeblich tiefen!) Teich waten muss.

Die Belohnung für diese Schinderei: ein unglaubliches Abenteuer, das man ganz ohne Reisegruppe oder Guide bewältigen kann. Myriaden von *glow-worms*, die nur für einen selbst leuchten. Indiana-Jones-Gefühle in echt. Und am Ende der Höhle die unglaubliche Freude und Dankbarkeit darüber, dass es Licht und Wärme gibt – sowie die Überraschung, dass man oberirdisch nur wenige hundert Meter zurückgelegt hat.

Info

Lage: Die Clifden Caves liegen westlich von Invercargill nahe der Ortschaft Clifden im Southland, der Zugang erfolgt über Privatland.

Anfahrt: Von Clifden aus auf dem SH 99 nach Norden fahren, *nicht* den Abzweig nach Te Anau nehmen, dann etwa 1 Kilometer auf dem SH 96 nach Nordosten fahren und links auf die Clifton Gorge Road abbiegen, der Parkplatz und die Höhlen (am gegenüberliegenden Straßenrand) sind ausgeschildert. Das Höhlensystem bzw. die markierten Gänge erstrecken sich ungefähr am Lauf der darüber liegenden Straße entlang; man beginnt am besten im Norden und läuft dann nach Süden, so dass erst ziemlich am Ende des Weges der Teich durchquert werden muss.

Öffnungszeiten: immer

Achtung: Nach Regenfällen werden die Höhlen oft überflutet und dürfen nicht betreten werden!

Eintritt: nichts

Eine Gruppengröße von mindestens zwei und maximal sechs Personen wird für den Besuch der Höhlen empfohlen. Jeder sollte aus Sicherheitsgründen mindestens zwei Taschenlampen, besser noch Stirnlampen dabeihaben, das Tragen fester Schuhe und eines Schutzhelms wird empfohlen. Jeans werden bis mindestens zum Knie nass und dann sehr kalt, besser sind kurze Hosen oder Softshell-Materialien.

Achtung: Für (nicht-neuseeländische) Kinder unter 12 Jahren ist dieser Ausflug definitiv nicht zu empfehlen, auch Klaustrophobiker sollten sich diesen Ausflug dreimal überlegen. Wer Angst bekommt, kann aber einfach umkehren, es gibt keinen *point of no return*.

Unterkünfte:
• An der Clifden Historic Bridge, einer restaurierten (aber nicht zu betretenden) Hängebrücke, gibt es einen kostenlosen Stellplatz für Campervans mit *Self containment*-Plakette. Hier darf man insgesamt 7 Tage innerhalb eines Monats stehen.

49. Milford Road: Homer Tunnel Nature Walk statt Pinkelpause

Die 120 Kilometer lange Stichstraße von Te Anau zum Milford Sound gilt weithin als einer der schönsten Roadtrips der Welt. Entsprechend viele Touristen sind hier anzutreffen: Die Miet-Campervans und Reisebusse stehen hier im Sommer Schlange, an den beliebten Foto-Spots drängen sich die Menschen. Trotzdem findet man auch hier Ecken, an denen man ganz allein ist.

Man mag es kaum glauben, dass fast niemand den kurzen, aber enorm lohnenden Homer Tunnel Nature Walk auf sich nimmt – liegt er doch nahezu perfekt, um die Wartezeit vor dem Tunnel zu überbrücken, der sich auf 945 Metern über dem Meeresspiegel durch die Darran Mountain Range bohrt und das Hollyford Valley vom Cleddau Valley trennt.

In fünf Jahren Plackerei haben sich hier fleißige Straßenarbeiter nur mit Spitzhacken durch den mehr als einen Kilometer dicken Berg gegraben, damit der Milford Sound und das dort von Donald Sutherland betriebene Hotel auf dem Landweg erreicht werden konnten. Schon 1890

Einfahrt in den Homer Tunnel

Geschafft! Hoch oben über dem Tunneleingang

gegründet, wartete diese Herberge fast 60 Jahre lang auf ihren Straßen-anschluss. Das Leben auf der Baustelle, nur in Zelten, ständig in akuter Lawinengefahr, mag man sich gar nicht vorstellen – zumal die Arbeiter ihre Familien dabei hatten.

Auch heute sind Lawinen auf der Milford Road eine Gefahr, vor allem in den Wintermonaten. Dann ist zum Glück auch das Verkehrsaufkommen auf der Straße geringer, und die Ampel vor dem Homer Tunnel kann ausgeschaltet werden. Man fährt in der guten Hoffnung hinein, keinem anderen Fahrzeug zu begegnen. Zwar ist die Straße durch den nach wie vor kaum beleuchteten und unbehauenen Tunnel zweispurig, aber eng bleibt es, vor allem wenn sich zwei Wohnmobile oder Reisebusse treffen.

Im Sommer kommt es tagsüber zu längeren Wartezeiten, denn die Am-pel, die beide Fahrtrichtungen trennt, schaltet nur alle 15 Minuten um. Anstatt die Zeit mit den frechen Kea zu verbringen, die auch auf der an-deren Seite des Tunnels noch warten, kann man sich die Beine auf dem leicht ansteigenden Weg vertreten, der an der rechten Seite der weiten Rundtals vor dem Homer Saddle hinaufführt.

Einige Hinweise auf endemische Blumen und Pflanzen später erreicht
man das Ende des Weges und den Beginn eines Feldes aus schwarzen

Eindrucksvolles Ende des Homer Tunnel Nature Walk

Schottersteinen, das die obere Hälfte des Talkessels ausfüllt. Von hier bietet sich schon ein recht netter Blick zurück auf den Parkplatz vor dem Tunnel und das weite Gertrude Valley dahinter. Wer noch Zeit und Abenteuerlust hat, der kraxelt einfach weiter – je höher man kommt, desto besser wird der Blick. Gewonnen hat, wer das Schneefeld am oberen Rand erreicht und sich unter den aus dem Gletscher herabstürzenden Wasserfall wagt!

Info

Lage: Der Homer Tunnel Nature Walk ist ein kurzer Spaziergang, der direkt am Homer Tunnel auf der Milford Road beginnt. Dauer: etwa 10 Minuten bzw. 30 Minuten, wenn man bis zum Schneefeld hinaufklettert

Anfahrt: Auf der Milford Road von Te Anau in Richtung Milford Sound fahren, der Homer Tunnel kommt bei Straßenkilometer 101. Die minimale Fahrtzeit für diese Strecke liegt bei 1,5 Stunden.

Öffnungszeiten: immer

Achtung: Die Gefahr von Erdrutschen durch Starkregen, plötzlichen Schneefällen und Lawinen besteht außer im Hochsommer immer. Wenn man sich die kurvenreiche, lange Fahrt nicht zutraut, sollte man einen Rundtrip mit einem der Tourbusse buchen, die über Glasdächer verfügen und an vielen Zwischenstopps Halt machen.

Eintritt: nichts

Achtung: Auf der gesamten Milford Road gibt es keine Tankstelle und keinen Handy-Empfang, einen kleinen Shop findet man im Milford Sound.

Unterkünfte:

- Das DOC unterhält neun Campingplätze an der Milford Road, die sich alle *vor* dem Homer Tunnel bzw. der Divide auf Streckenkilometer 84 befinden. Der nächstgelegene ist *Cascade Creek*, Scenic-Kategorie, 120 Stellplätze ohne Strom, mit 2 Toiletten, Feuerstelle und Wasser aus dem Fluss, 13 NZD/Erwachsene, 6,50 NZD/Kinder von 5 bis 17 Jahren.
- Auf der Westseite des Tunnels gibt es die *Milford Lodge*, mit Chalets, Zimmern für Backpacker und Stellplätzen für Campervans, *powered site* 30 NZD/Erwachsene, 15 NZD/Kinder von 4 bis 14 Jahren, Tel.: +64-3 249 8071, E-Mail: bookings@milfordlodge.com, Website: www.milfordlodge.com

50. Stewart Island: Kiwi, Matsch und Südpolarlicht

Das *Land des glühenden Himmels* nennen die Maori die kleine Insel ganz im Süden Neuseelands, und das hat einen Grund: Dank einer geomagnetischen Anomalie kann man bei freiem Himmel von Stewart Island aus ganz hervorragend die Aurora australis beobachten, sozusagen den Gegenpart des Nordlichts. Auch am Boden hat Rakiura Spannendes zu bieten: Kiwis sieht man hier fast garantiert. Zum Glück hat das der Großteil der Neuseeland-Besucher noch nicht bemerkt.

Oban, die einzige Siedlung auf Rakiura, wirkt nicht sehr urban

Wandern, Kajak fahren, jagen und fischen – das tun echte Kiwis in ihrer Freizeit, und das tun sie bevorzugt auf Stewart Island. Die kleine, dicht bewaldete und mit vorrangig schroffen, felsigen Küsten versehene Insel bietet dafür herrliche Bedingungen. Jedenfalls, wenn man nichts gegen Dauerregen und Matsch hat, denn auch dafür ist Stewart Island berühmt-berüchtigt.

Nein, die Sonne ist hier kein Dauergast, vielmehr verzeichnet die Insel einen Rekord an Regentagen. Dass das Wandern auf den insgesamt 245 Kilometern an Tracks jeder Schwierigkeit trotzdem Spaß macht, ist den unermüdlichen Rangern des DOC zu verdanken. Sie haben mit viel

Dead Man Beach

Mühe kilometerlange *boardwalks* angelegt oder Wege geschottert, um das Versinken im Matsch zu verhindern.

Sehr einfache, kurze und lohnende Wege führen direkt von Oban aus zu einem Aussichtspunkt über die Halfmoon Bay, zum Friedhof oder zum benachbarten Bathing Beach, wo (bei seltenem Sonnenschein) der Name Programm ist. Etwas anstrengender (und sicherlich matschiger) ist der 32 Kilometer lange, dreitägige Rakiura Track – einer der *Great Walks*, auf dem man auch in der Hauptsaison meistens allein läuft.

Und was es da alles zu sehen gibt! Angefangen bei historischen Walfänger-Siedlungen und Maori-Forts über goldene Strände und dichten Regenwald bis zu den seltenen Gelbaugenpinguinen, den noch selteneren *Kaka* und *Parakeets* und den allerseltensten *Southern Brown Kiwis* – die man hier mit ziemlicher Zuverlässigkeit bei einer geführten Nachtwanderung am Ocean Beach live und in wenigen Metern Entfernung beobachten kann. Schließlich leben auf Stewart Island zwar nur etwa 400 Menschen, aber dafür mehr als 20.000 Kiwis.

Wer nicht laufen mag, kann Stewart Island mit dem Mountainbike entdecken oder die 28 Kilometer an (immerhin asphaltierten) Straßen bequem in einem Minivan befahren. Einen anderen Blick auf die Insel bekommt man bei einer Bootstour; die meisten Besucher fahren bei dieser Ge-

Auf dem Rakiura Track

Ulva Island ist Heimat zahlreicher seltener Vögel

legenheit nach Ulva Island hinüber, eine unbewohnte kleine Insel im Paterson Inlet, die schädlingsfrei ist und als Vogelschutzgebiet dient.

Für einen Tagesausflug gibt es auf Stewart Island zu viel zu tun. Wer mit der Nachmittagsfähre wieder zurück „nach Neuseeland" fährt, der verpasst ja nicht nur das nächtliche Kiwispotting, sondern auch das sonntagabendliche Kneipenquiz im einzigen Pub von Oban, oder den Schnack mit Holger und Hilli, die während des Sommers in ihrem Food-truck *Kai Kart* köstliches Seafood zubereiten – und das einzige der vier Restaurants auf Stewart Island sind, das gutes, bezahlbares Essen anbietet.

> **Info**
> **Lage:** Stewart Island/Rakiura ist die südlichste der drei Hauptinseln Neuseelands und liegt 30 Kilometer vor der Südküste Southlands, getrennt durch die stürmische Foveaux Strait. Oban, die einzige Siedlung auf Stewart Island, liegt an der Ostküste der Insel an der Halfmoon Bay.

Anfahrt: Von Bluff erreicht man Stewart Island zweimal täglich in etwa einer Stunde per Fähre.

Preise: 77 NZD/Erwachsener

Autos und Campervans müssen in Bluff (kostenpflichtig) geparkt werden; auf Stewart Island kann man auf Wunsch aber ein Auto mieten. Propellerflugzeuge starten dreimal täglich aus und landen nach 20 Minuten entweder auf dem Ryan's Creek Flugfeld oder auf dem Sand in der Mason Bay, Doughboy Bay und am West Ruggedy Beach. Nach Oban gelangt man von dort per Busshuttle.

Preise: Hin- und Rückflug 213 NZD/Erwachsener, 128 NZD/Kinder von 4 bis 14 Jahren, Kinder unter 4 fliegen kostenlos auf dem Schoß mit.

Kontakt: *Stewart Island Flights*, Tel.: +64-3 218 9129, Website: www.stewartislandflights.com

Achtung: Auf ganz Stewart Island gibt es keine Bank und nur einen Geldautomaten für neuseeländische Bankkarten, Zahlungen mit Kreditkarte sind aber möglich. Außerhalb der einzigen Stadt Oban gibt es keine Gelegenheiten zum Einkaufen oder Übernachten. Strom kommt aus Dieselgeneratoren und ist entsprechend teuer.

Aktivitäten: Wer nicht (nur) wandern will, kann auf Stewart Island auch tauchen, jagen oder Golf spielen. Informationen und Buchungen im DOC Visitor Centre am Hafen (Elgin Terrace 12).

Kiwi Spotting Touren am Ocean Beach dauern etwa 4 Stunden und kosten 140 NZD/Person ab 10 Jahren; ohne Kiwi-Sichtung gibt es das Geld zurück (Website: www.stewartislandexperience.co.nz).

Geführte Ausflüge nach Ulva Island: *Ulva's Guided Walks*, ab 130 NZD/Erwachsener, 60 NZD/Kind, Kontakt: Tel.: +64-3 219 1216, E-Mail: ulva@ulva.co.nz

Nicht verpassen: Die *Qiz Nite* im Pub des *South Sea Hotel* findet immer sonntags ab 18 Uhr statt. Essen sollte man aber vorher im *Kai-Kart* neben dem *Rakiura Museum*, Ayr Street 7.

Unterkünfte:
- Die einzigen Campingplätze auf Stewart Island sind *Great Walk Campsites* für den Rakiura Track. In Oban gibt es mehrere Hotels und Hostels, Ferienhäuser und Bed and Breakfasts. Stylish und idyllisch gelegen ist das *Kaka Retreat*, ein Motel mit Suiten und Cottages für bis zu 6 Gäste. Ab 230 NZD/2 Personen, Mindestbuchung 2 Nächte, 3 Gehminuten vom Fährterminal entfernt, Miro Crescent 7, Tel.: +64-3 2191 252, Website: www.kakaretreat.co.nz